타로카드의 상징:
메이저 아르카나

임상훈 · 황민우

타로카드의
상징:
메이저 아르카나

2018년 7월 13일 초판 1쇄 발행
2022년 10월 11일 초판 3쇄 발행

지은이 임상훈·황민우

편집 김동석
펴낸이 임상훈

펴낸곳 서로빛나는숲 **출판등록** 2013년 1월 21일 제2015-000045호
주소 경기도 고양시 덕양구 화중로130번길 16, 314-3호
전화번호 010-2667-9841 **팩스번호** 0504-075-9841
전자우편 radiating.forest@gmail.com **홈페이지** http://www.radiatingforest.com

디자인 김동석 **종이** 한솔PNS
인쇄 및 제본 상지사P&B **물류** 해피데이

ISBN 978-89-98866-12-9 04180

책값은 뒤표지에 있습니다.

타로카드의 상징:

메이저 아르카나

임상훈 · 황민우

The Diagram of Tarot: Major Arcana

서로
빛나는
숲

머리말

본격적으로 한국에 타로카드가 알려지기 시작했던 1990년대 중반부터 온라인과 오프라인을 넘나들며 활동해왔지만, 정작 그때 활동했던 사람들은 현재 타로카드계에서 찾기 힘들다. 이는 타로카드의 키워드와 상징에 대한 지식이 체계적으로 공유되지 못했기 때문이 아닐까 생각한다. 한국에서 유통되는 타로카드 관련 자료가 빈약하기도 하지만, 무엇보다 커뮤니티와 한국 저자의 책에서 접할 수 있는 자료의 신뢰성이 높지 않기 때문이라고 본다. 이 문제에서는 나 또한 책임을 통감한다. 지식을 악용하는 사람들이 있으리라는 걱정 때문에 오랫동안 책의 출간을 망설였기 때문이다.

2013년에 처음 『TAROT; MAJOR CARDS 22』를 펴내면서, 타로카드 전문가들과 책에 관한 의견을 주고받으며 상승효과가 일어나기를 기대했다. 그때까지도 타로카드 관련 지식을 얻을 인프라가 턱없이 부족했고, 폐쇄적이고 배타적인 타로카드계의 분위기에서 의견을 나누기도 힘들었으며, 논의가 있어도 명확한 출처 없이 이루어진 탓에 공회전하곤 했다.

현재까지 출간된 타로카드 관련 서적들도 다양한 관점이나 생산적인 논의를 끌어내기에는 한계가 있음을 알았다. 양적으로는 성장했으나 지적 토대를 차근차근 견고히 쌓으려면 타로카드의 체계에 대한 이론적이고 논리적인 근거를 제시할 수 있는 책의 발간이 절실하다고 느꼈다. 2000년대 중반부터, 이 책을 함께 기획하고 썼던 황민우는 타로카드에 대해 '정확한 지식을 전달'해줄 수 있는 책을 펴내자고 제안했고, 2015년에 『타로카드 메이저 도해』를 선보였다.

한 분야에 획일적인 규칙은 존재하지 않아야 한다는 믿음도, 기준이 돼야 하는 지식이 존재해야 한다는 믿음도 결국 그 나름의 신념을 통해 발현되는 것이리라. 그러나, 기준 없는 지식은 지식이 아니라 요령에 지나지 않으며, 단 하나의 기준만 내세우는 지식은 서서히 사문화되기 십상이다. 어떤 분야를 연구하든 근거와 논리를 갖춰가며 꾸준히 발전하는 모습을 보여주는 것은 해당 분야가 계속 그 명맥을 이어나갈 수 있는 원동력이 된다.

『타로카드 메이저 도해』에서 나는 검증된 출처의 지식에 기반해 최소한의 근거와 논리를 제시했고, 이 책이 나온 뒤부터 서서히 카드에 그려진 상징들을 어떻게 읽어내야 하며 타로카드를 올바로 해석하는 데 필요한 기본 소양이 무엇인지를 타로카드계에서 더욱 깊이 고민하기 시작했다고 자평한다. 그리고 그만큼 기존의 잘못된 정보들은 서서히 사라지고 있다.

이 책을 다시 개정·증보해 더 많은 이가 더 많은 정보를 편리하고 체계적으로 접할 수 있도록 하고자 한다. 지식을 공유하고 토론하는 것은 한 분야가 발전하는 데 필요한 초석이며, 이를 갈무리해 새로운 입문자에게 족적을 남기는 것은 먼저 걸어간 사람이 해야 할 책무라 생각한다. 앞으로 펴낼 책들이 타로카드에 몸담은 이뿐 아니라 이제 막 관심이 생겼지만 어떻게 나아가야 할지를 고민하는 사람들에게 하나의 등불이 됐으면 한다. 이 '총서'가 타로카드계에 확고한 교과서를 구축하는 밑바탕이 된다면, 그때부터 더 많은 이야기가 오갈 수 있으리라.

꿈을 잃고 조용히 생에 천착하려 했던 나를 붙잡고 그 꿈이 아직 끝나지 않았음을 일깨워준 친구와 다시 불을 지피는 데 도움을 준 많은 분들에게 감사를 드리며, 느리나마 계속 앞으로 나아가려 노력하는 모습으로 보답하고 싶다.

2018년 6월, 물의 근원에서.

임상훈.

차 례

점성술에 대해

점성술은 본디 하늘의 별들이 어떻게 움직이는지 관측하는 것에서 파생한 학문이다.

점성술사들은 별의 움직임을 관찰함으로써 농·어업 생산 활동과 관련한 시기를 정밀하게 예측하려 노력해왔고, 단순히 날씨나 기후를 예측하는 데서 더 나아가 개인의 운명이나 국가의 명운이나 천재지변을 미리 알 수 있다고 믿었다.

르네상스를 거쳐 지동설이 등장하고 점성술에서 천문학이 떨어져 나가기 전까지, 점성술은 이른바 하늘에 관한 공부, 천문天文으로 불리며 존중받았고, 근대 이전의 위대한 천문학자들은 연구비를 충당하고 생계를 꾸려나가고자 점성술사를 겸했다. 근대에 이르러 천문학이 과학으로서 연구 후원을 받고 새로운 발견이 이어지며 서서히 점성술과 완전히 다른 길을 걷기 시작한다.

점성술 연구자들은 황도 12궁과 태양계 행성에서 과거부터 맨눈으로 확인할 수 있었던 7행성(수성, 금성, 태양, 달, 화성, 목성, 토성)에 각각 의미를 부여해 해석해왔으나, 망원경의 발명으로 천왕성, 해왕성, 명왕성이 발견되면서 이를 포함해 해석하는 현대 점성술이 분화됐고, 여기에 더해 소행성이나 태양계 바깥의 항성, 행성 들을 추가하는 등 다양한 연구와 해석법으로 미래를 예견하려 노력한다.

그러나 점성술은 타로카드 해석에 그리 큰 영향을 미치지 못한다. 근본적으로 타로카드는 그림으로 모든 의미를 전달하기에, 점성술이 해석에서 주된 역할을 하지 못한다. 그렇기에, 점성술 연구자들도 타로카드와 점성술을 관련짓는 것에 긍정적이지 않고, 타로카드 연구자들도 마찬가지다.

이는 타로카드의 그림과 그에 관한 해석에서 점성술과 연관한 부분이 큰 비중을 차지하지 않을뿐더러, 타로카드에 삽입된 점성술 관련 서술을 실제 점성술 해석법에 대입하면 오히려 오류가 심해지는 일이 잦기 때문이다. 더구나 연구자와 덱 제작자의 관점이 다르거나 견해차가 생길 때마다 점성술 관련 요소의 배치가 바뀔 수 있다는 점도 문제다.*

타로카드는 다른 학문 요소와 결합하기 쉽다는 특징이 있지만, 특정 분야의 학문이나 문화 기반을 다른 학문보다 빨리 적용하고 전달할 수 있을 뿐이라는 점을 명심해야 한다. 타로카드를 통해 점성술을 이해할 수 있다고 착각하지 말아야 한다.

이 책에서 이야기하는 대응들은 라이더-웨이트 덱 발매 당시를 기준으로 가장 보편적인 배치를 따랐음을 미리 알리며, 당시 주류를 이뤘던 12궁 7행성을 기준으로 타로카드의 점성술적 요소를 설명할 것이다. 다만 천왕성, 해왕성, 명왕성을 포함한 12궁 10행성 방식의 관점도 함께 적어 이해를 돕고자 한다.

* 이런 가장 극명한 예로 달리 유니버셜 덱을 들 수 있다. 이 덱은 일반적으로 알려진 라이더-웨이트 덱 및 마르세유 덱과 완전히 다른 구조로 이루어져 있으며, 제작자인 살바도르 달리의 의도에 맞춰 재설계된 덱이기에 기존 학습법과 다르게 접근해야 한다.

카발라에 대해

카발라는 아브라함 계통 종교(유대교, 기독교, 이슬람교) 가운데 가장 먼저 발흥한 유대교의 신비주의 분파다. 카발라를 추종한 이들은 다양한 영적 수련과 명상, 주술 및 마법적 수행을 통해 그들이 믿었던 절대적 존재에게 닿고자 했는데, 그 까닭은 물질을 구성하는 세상이 거짓된 것이며, 육체를 신이 부여한 인간의 신성을 가두는 감옥으로 인식했기 때문이다.* 절대적 존재에게 닿고자 했던 영적 수련법들은 서양 오컬트 문화에 큰 영향을 끼쳤다. 이들은 만물에 신성이 깃들어 있다고 여겼으며, 이 신성이 어떻게 세상에 내려오게 됐는지를 '생명의 나무'로 설명한다.

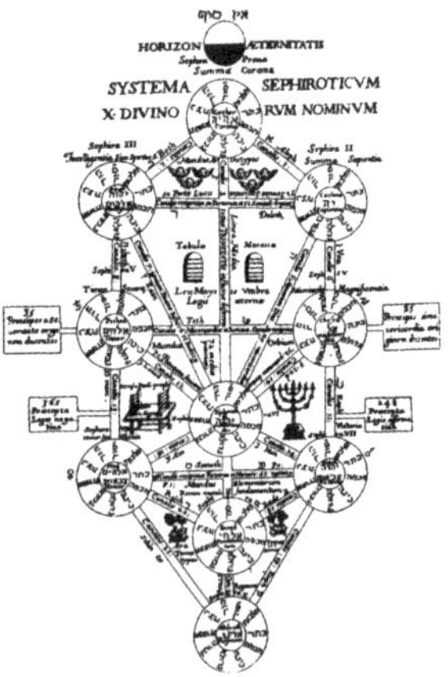

이를 통해 자신의 몸속에 갇힌 신성을 발현해 신에게 다가갈 수 있는지를 연구하며, 세상을 살아가면서 자신이 어떤 상황에 있는지 확인하고 어떻게 하면 다음 단계로 나아가 더 높은 차원으로 갈 수 있을지 궁리하는 과정을 중요시한다.

← 아나타시우스 키르허Athanasius Kircher의 생명의 나무 도안

* 이 인식은 뒤에 마니교와 기독교 이단 분파 중 알비-카타리Albi-Cathari파에게 영향을 미쳤다. 알비-카타리파는 세상의 왕Rex Mundi이라 불리는 악마가 물질계를 만들었으며, 그가 모든 육신을 소유하고 혼돈과 권세를 쥐고 있다 믿었다. 이들은 이런 현실의 모순을 신앙의 힘으로 변화시켜 영적 순수성을 되찾고자 했다. 그러나 로마가톨릭교는 이들이 육체를 가지고 태어난 하느님의 아들인 예수를 부정하고 물질 전체를 악으로 주장한다고 판단해 이단 및 파문 선언을 하고 탄압했으며, 그 결과 알비-카타리파는 14세기 후반 완전히 소멸했다.

최형락 편역, 『천주교 용어사전』, 작은예수, 1994
한국가톨릭대사전편찬위원회, 『가톨릭대사전』, 한국교회사연구소, 2005

다만 주의점은 전통적인 유대 카발라주의와 비교적 최근에 주창되기 시작한 헤르메스주의 비의秘義에서 다루는 내용이 다르다는 것이다. 특히 이 덱을 제작한 황금새벽회는 두 견해가 뚜렷하게 분화하기 전의 과도기에 이를 다루었기에, 이 책에서는 전통적인 유대 카발라주의에서 논의하는 경로의 의미에 주목해 이를 설명한다.

이 책에서는 『창조의 서*Sefer Yetzirah*』『광휘의 서*Sefer Zohar*』, 아서 에드워드 웨이트의 『성스러운 카발라*The Holy Kabbalah*』, 맥그리거 매서스의 『베일 벗은 카발라*Kabalah Unveiled*』, 찰스 폰스의 『카발라*Kabbalah*』, 다이온 포춘의 『미스티컬 카발라*Mystical Qabala*』 등의 자료를 참고했다.

생명의 나무 용어

1. 발출 - 케텔	Kether
2. 지혜 - 호크마	Chokmah
3. 이해 - 비나	Binah
4. 자비 - 헤세드	Chesed
5. 심판 - 게부라	Geburah
6. 미美 - 티페레트	Tiphereth
7. 승리 - 네자흐	Nezach/Netzach
8. 위엄 - 호드	Hod
9. 기초 - 이소드/예소드	Yisod/Yessod
10.왕국 - 말쿠트	Malkuth
*. 이성 - 다트/다스	D'aat/D'aath

세상의 4계

아트질루트/앗실루트	Atziluth	최초의 신성이 만든 세계
베리아	Beri'ah	창조와 천체의 세계
예치라/예트지라	Yetsirah	천사와 영혼의 세계
아씨야/아시야	Assiyah	질료들과 물질의 세계

연금술에 대해

연금술은 두 가지 유형이 있다. 첫째는 다른 금속, 물질을 연성하고 가공해 금을 만들어내는 것이며, 둘째는 물질의 변성 과정을 경험하고 관찰하는 것을 통한 영적 수련 과정이다. 첫 번째 유형은 화학의 발전과 더불어 이론적·현실적으로 가치가 없다는 사실이 과학적으로 증명됐기에 사라졌으며,* 이 책에서는 두 번째 유형에 속하는 내용을 다룰 것이다.

연금술이 논하는 '영혼의 정련 과정'은 일종의 철학적 알레고리로 기능한다. 연금술이 지시하는 과정들을 거쳐 물질, 질료가 변화하는 모습들은 인간의 성장 또는 완성과 같다고 여겼기 때문이다. 연금술사들은 이를 바탕으로 '위대한 작업Magnum Opus'을 진행해왔고 이를 통해 신의 창조 과정을 현실에서 발현하고자 노력했다.**

한국에도 중요한 연금술 자료가 하나둘 번역 출간되고 있지만, 여전히 세부 내용을 파악하기에는 부족하며 그중에서도 타로카드와 관련한 내용을 정확히 다루는 자료와 연구의 축적은 이제 겨우 걸음마 단계다. 이 책에서는 가급적 부정확한 자료를 배제하고 적게나마 정확한 정보만 제공하고자 메이저 아르카나에 대응하는 위대한 작업을 정리했다. 각 카드의 설명과 참고문헌을 참고하기 바란다.

* 다른 물질로 금을 만드는 것이 이론적으로 불가능하지 않음은 현대 과학에서 증명됐다. 다만 그 과정에서 만들 수 있는 금의 가치보다 더 큰 비용이 든다. 가장 저렴하게 금을 만들 수 있는 재료는 백금이나, 백금은 같은 무게의 금보다도 고가의 재료다.

** 특히 헤르메스주의에서 많이 강조되는 표현이다. 이들은 납을 금으로 바꾼다는 물리적 묘사를 어디까지나 비유로만 사용했음을 강조하며, 변하는 다른 물질로 변하지 않는 금속인 금을 만들어내는 것을 '하찮은 것을 고귀한 것으로 승화하는' 과정으로 여겼다. 이는 계몽주의와 유사점이 있음을 시사한다.
Manly Palmer Hall, The Hermetic Marriage: *Being a Study in the Philosophy of the Thrice Greatest Hermes*, Hall Publishing Company, 1925, p. 227
Mircea Eliade, *The Forge and the Crucible: The Origins and Structure of Alchemy*, University of Chicago Press, 1978, pp. 149, 155–157

연금술 12단계	배치된 별자리	대응 카드
하소 Calcination	양자리	황제
응결 Congelation	황소자리	교황
응고 Fixation	쌍둥이자리	연인
용해 Dessolution	게자리	전차
소화 Digestion	사자자리	힘
증류 Distillation	처녀자리	은둔자
승화 Sublimation	천칭자리	정의
석출 Separation	전갈자리	죽음
밀랍 Incineration	사수자리	절제
발효 Fermentation	염소자리	악마
증식 Multiplication	물병자리	별
사영 Projection	물고기자리	달

연금술 3원소

유황	영 靈 Spirit
수은	혼 魂 Soul
소금	체 體 Body

연금술 7금속

금	태양	태양
은	달	여사제
수은	수성	마법사
구리	금성	여제
철	화성	탑
주석	목성	수레바퀴
납	토성	세계

연금술 4단계

흑화 Nigredo

백화 Albedo

황화 Citrinitas

적화 Rubedo

일러두기

1. 기독교 용어와 성경 인용구는 한국천주교주교회의에서 펴낸 『성경』을 따랐다. 다만 미주 9에서 인용한 「아가」 2장 1-2절은 "샤론의 장미, 골짜기의 백합rose of Sharon, a lily of the valley"으로 옮겼다.
2. 인명, 지명, 작품명 등은 국립국어원 외래어표기법 규정을 따랐으나, 타로카드의 용어나 상품명 등이 관례로 굳어진 경우는 예외로 두었다.
3. 메이저 아르카나의 모든 그림은 카발라 전통에 따라 좌우가 뒤바뀌어 묘사돼 있다는 점을 미리 밝힌다(21쪽 참고).
4. 타로카드 총서의 제목들은 다음과 같이 약칭했다.

『타로카드의 상징: 메이저 아르카나』→ 메이저 상징편
『타로카드의 해석: 메이저 아르카나』→ 메이저 해석편
『타로카드의 상징: 코트 카드』→ 코트 상징편
『타로카드의 해석: 코트 카드』→ 코트 해석편
『타로카드의 상징: 핍 카드』→ 핍 상징편
『타로카드의 해석: 핍 카드』→ 핍 해석편

I. THE MAGICIAN.

마법사

의지
Will

오컬트에서 마법사는 신을 속이는 자라는 뜻이다. 『오컬트 철학』을 쓴 아그리파 폰 네테스하임의 일화는 많은 것을 시사하며, 이 모든 것은 '신(자연)의 섭리를 속이거나 위배하는' 것과 밀접하게 결부돼 있다. 곧, 마법사는 신의 저울을 속이는 사람이다. 그래서 사리사욕을 채우고자 저울을 속이면 흑마법이고, 절대선을 수호하고자 저울을 속이면 백마법이라고 구분한다. 그러나 어느 쪽이든 마법사는 신을 속이거나 (자신이 어떤 행위를 한 순간만큼은) 신의 영역에 발을 디딜 수 있는 사람으로 보았다고 할 수 있다. 다시 말해, 사람의 의지로 신의 섭리를 거스르거나 조작할 수 있음을 보여주는 카드다. 이는 카드의 부정적 키워드(사기꾼)로 흡수된다.

지팡이 도토리 장식의 지팡이는 헤르메스주의 비의에서 의지 그 자체를 상징하며, 나아가 신의 힘을 지상에서 다루고 변화시키는 능력을 갖추고 있음을 의미한다.[1] 이 상징은 마법 지팡이의 위치상 카발라적 의미(발출/왕관/신/케텔Kether의 위치)까지 표현하기에 최종적으로 '의지의 발출'이라는 뜻을 나타낸다. 도토리는 '잠재된 무한한 힘'을 상징한다.[2]

머리띠 의식의 집중을 뜻하며, 동서고금에서 의지·행동에 관한 신념의 표명을 의미했다. 특히 일본에서 머리띠는 고대 수행자의 상징이었고, 장인의 상징으로 확장됐다.[3] 여기선 고행을 통한 진리 탐구를 상징하며, 그가 이미 마스터Master임을 드러낸다.

헤일로Halo 죽은 뒤에 영계靈界로 들어갔음을 알리는 상징이다.[4] 원래 동그란 고리 모양이며, 현세와 내세를 구분하고 선형적 시간 안에서 벌어지는 삶의 단계의 영원회귀ewig wiederkehren성을 상징한다. 원래는 지상계와 영계의 순환성을 뜻했으나, 여기서 그 원형을 뫼비우스의 띠로 뒤틀면서 하나의 방향성이 존재하는 초시간적 무한대에 걸쳐 존재하는 사람임을 입증하는 기호로 그 의미를 바꿨다.[5]

장미 덩굴 장미 덩굴로 엮인 문은 '허락된 사람만 들어올 수 있는 비밀스러운 장소'를 뜻한다.[6] 이는 밀담을 나누거나 개인적으로 만나는 장소에는 장미 덩굴로 문을 만들어서 사람들의 출입을 막는 신호로 쓴 고대 로마 시대의 전통에 기인한다. 또 여기서는 장미십자회 전통에 따라 황금새벽회의 오컬트적 비의를 배울 준비가 돼 있고 그들의 허락을 구한 자들만 이곳의 출입을 허락한다는 뜻으로도 쓰였다.[7]

4원소 마법사의 다재다능함을 묘사하며, 곧 마이너 수트의 4개 원소를 모두 다룰 수 있는 능력이 있음을 보여준다.

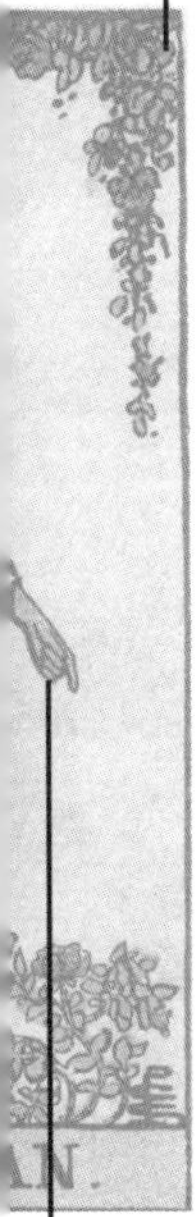

장미와 백합 탁자에 놓인 연금술의 4도구(이는 곧 마이너 수트를 의미하기도 한다)를 이용해 작업한 결과물을 뜻한다. 이 전형적 상징은 바로 장미십자회의 문장이다.[8] 「아가서」 2장 1절에서 언급된 샤론의 장미와 계곡의 꽃을 의미하며 '하늘의 비밀을 아는 것이 너희에게만 허락됐다'라는 의미로 쓰였다.[9] 이는 마법사 자신의 '의지'를 통해 도구나 방편을 이용해 자신의 '기술'을 사용함으로써 어떤 것을 만든다는 의미로써 삽입되었다는 뜻으로 치환된다. 그와 함께 '이 비밀의 공간'에서 자신의 '의지'대로 무언가를 '만들거나 시도'함으로써 이 카드의 제작자들, 곧 이들이 의미하고 표현하려 했으며, 나아가 추구하고자 하는 가치인 '신비주의'를 보여주는 사람으로 그려졌다.

우로보로스(우주사宇宙蛇) 이 카드에서 우로보로스는 다양한 뜻을 담고 있다.[10] 벨트는 인물의 역량이 얼마나 되는지 보여주며, 우로보로스는 마법사가 무한한 역량과 지식을 갖추었을 뿐 아니라 끝없이 변화할 수 있음을 나타낸다.[11] 그와 함께, 탐욕이 지나쳐 자신을 잡아먹고 무無로 돌아가 버린다는 뜻도 있으므로, 이 인물의 역량이나 변화가 다양할 수 있으나 자칫하면 스스로 재능을 소모하며 구경거리로 전락해버릴 수 있음을 암시하기도 한다.

제복 마법사가 거대한 조화를 이루고 있음을 드러낸다. 흰색은 우주적 원리, 순수 지성 등 인간 밖의 섭리인 누스nous, 곧 이치와 원리를 뜻하며 붉은색은 인간의 이성, 판단력, 현명하고 명확한 지성인 로고스logos를 상징한다.[12]

사선↘ 마법사의 두 손이 만들어내는 사선은 카발라의 세피로트Sefirot적인 의미로, 케텔에서 비나로 이어지는 사선의 경로를 보여준다.[13] 이 경로는 신을 대리해 마법사가 신의 의지를 발현시켜 대중에게 퍼트리는 과정이다. 그러므로 이 흐름의 역순은 있을 수 없다. 이는 또한 대중에게 퍼트리는 과정 가운데 마법사의 사견이 끼어들 수 있다는 점도 명백히 암시한다. 또 이 자세는 육망성 대의식의 가장 마지막인 물질화 단계를 의미하기도 한다.[14]

'Magician'의 어원은 고대 조로아스터교의 신관·제사장인 'Magus'에서 기원한다. 'Magus'는 'Magi를 다루는 사람들'이라는 뜻이며, 'Magi'는 신의 능력을 의미했다. 'Magician'이라는 카드 이름 자체가 곧 신의 능력을 받아 지상으로 보내주는 역할을 하는(또는 그럴 수 있는) 사람을 뜻한다.

마법은 세상의 법칙에 긴밀히 관여돼 있다. 그리고 마법은 '믿음'으로 발현된다. 세상이 정한 법칙이 아니라 자신이 믿는 법칙을 믿고 관철하는 것이 바로 의지력이다.* 그 근원은 신에게 받은 법칙과 질서다. 따라서 마법사는 불가능한 것을 가능케 할 힘이 있고, 그 힘을 변용시키는 근원은 바로 의지다. 따라서 이 카드의 모든 그림 요소는 의지력과 그 발현으로 세상을 얼마든지 제 뜻대로 변화시킬 수 있다는 키워드를(또 그가 그럴 능력이 있음을) 보여주는 상징으로 채워져 있다.

카드의 인물이 마법사임은 의심할 여지가 없다. 그는 마법 지팡이를 들고 있으며,** 이 지팡이를 통해 신에게 받은 'Magi'를 지상으로 내리쏘고 있다. 이를 지팡이를 치켜든 손과 아래로 뻗은 손(사선)으로 표현한다. 이 행위는 단순히 신에게서 획득한 힘을 중계한다는 뜻이 아니며, 자신의 의지에 따라 지상 위에서 펼친다는 뜻이다. 그는 신의 대리인이 아니라 자기 자신의 대리인임을 암시한다.

마법사는 마법을 다루는 사람이다. 마법을 다루려면 기술이 필요하다.*** 마법을 다루는 기술을 Ars(영어로는 arts)라고 부르며, 이는 어원적으로 전문 기술이 필요하다는 뜻도 들어 있다. 그러므로 마법사는 기술자이면서 장인이기도 하다. 숙련된 전문가만 할 수 있는 일이라는 건 전문가가 아닌 사람은 전혀 할 줄 모른다는 뜻이다. 다시

* 다이온 포춘(황금새벽회의 일원)은 이렇게 말했다. "당신이 마법을 행하기 전에 반드시 알아야 할 점은 당신의 마법이 결국 성공하리라는 것이다."

** 마법 지팡이의 목적은 신의 힘인 Magi를 제 뜻대로 변화시켜 현실에 적용할 수 있는 일종의 촉매 도구로 이용돼왔다.

*** 마법을 뜻하는 어휘인 Ars는 예술/기술을 의미하는 단어 Art와 어원이 같으며, 이 Ars는 그리스어 Techne(기술, 전문능력)의 라틴어 번역이다.

말해, 타인보다 우위에 있는 전문성을 바탕으로 남을 '속이는' 일도 할 수 있다. 이 '기술'이라는 키워드는 '의지'를 뒤이어 카드의 중추를 이룬다고 볼 수 있다.

기술은 여러 방식으로 카드에서 표현된다. 탁자 위에 4원소의 상징물이 놓여 있다는 데서 마법사가 4원소를 모두 다룰 수 있다는 사실을 알 수 있다. 또한, 그는 초인적인 마법 기술로 죽음과 시간마저 초월한 상태이며, 그의 역량은 무한대에 가깝다는 점을 우주사宇宙蛇 우로보로스와 머리 위의 뫼비우스의 띠로 드러낸다. 우로보로스는 시간의 순환이 무한히 되풀이된다는 뜻을 지니며, 이 영원의 순환 구조를 본인이 통제할 수 있음을 드러낸다. 머리 위의 뫼비우스의 띠는 순환의 개념조차 사라진 초시간성, 죽음조차 극복했고 무한한 힘을 얻었다는 키워드를 표현하고자 헤일로(천사 머리 위에 달린 고리. 죽음, 영적 세계에 진입했음을 의미함)를 뒤틀어 뫼비우스의 띠로 바꿨다. 이 마법사는 그럴 능력이 있음을 바로 보여준다.

마법사가 들고 있는 마법 지팡이는 카발라적 의미가 있다. 마법사에게 신지神知가 있다는 표현이며, 그는 이 지식을 (자신의 수준보다 저차원적인) 세상에 퍼트리는 사람으로서 이 지식을 통제·조작할 수 있음도 암시한다. 샤머니즘 체제의 부족사회에서 샤먼이 맡은 일 가운데 강신, 강령, 초환, 소환, 접신 등으로 일컫는 의례를 거쳐 채널링Channeling에 들어가는 행위와 (그 부작용 또는 악용하는 부분까지) 흡사하며, 여기서 카드의 중추 키워드인 '속임수'가 드러난다.*

마법사라는 명사는 그 자체로 '신을 속이는 자'이며, 지금 우리가 맞이하는 같은 단어, 같은 철자의 마술사Magician 또한 대중을 속임으로써 자신의 기술을 과시하거나 어필하는 것을 업으로 삼는다. 그렇기에 넓은 의미에서는 한 분야의 전문가도 이 범주에 속할 수 있

* 오른손으로 쥐고 있는 행위 자체도 왼손과 연관해서 의미가 있다. 오른손의 의미(수용, 사용, 보수)가 마법사의 의지를 거쳐 왼손의 의미(진보, 운동, 행위)를 아래로 펼친다는 뜻으로 이야기할 수 있다. 주의할 것은 보통 수평적 의미로 적용되는 왼손과 오른손이 사선 배치를 통해 상하 관계로 재편됨으로써 새로운 의미가 발생한다는 점이다.

다. 그리하여 이 카드는 전문 분야의 기술과 역량을 암시하며, 그것이 첫 번째로 드러나는 의지와 맞물리면서 '마법사의 의지로 발현되는 역량'을 의미한다.

마법사는 자신의 역할에 충실하고 선한 행동을 취한다면 문제가 없으나, (위에서 말한) 변칙적인 행동을 한다면 그와 관련한 사람이나 사건이 어떤 결과를 만들어낼지 확답할 수 없다. 카드의 그림에서도 기술과 '기술을 이용하는 사람의 의지와 역량에 따라 선과 악 가운데 하나를 취해 움직일 수 있음'을 강조한다.

연금술: 이 카드에서 연금술적인 내용은 두 가지가 있다.

1. 질료를 파악하는 능력을 갖추고 연성을 시도하는 연금술사
2. 모든 질료에 개입해 그 속에 있는 '신의 숨결'을 자유롭게 만들 수 있는 수은

첫 번째는 마법사라는 명칭 자체로 알 수 있다. 마법사는 비밀스러운 공간(장미 덩굴)에서 작업하고 있으며, 그 작업은 '위대한 작업 Magnum Opus'이다.

두 번째는 카드에 배치된 점성술·연금술적 대응이 수성에 해당함을 확인할 수 있으며, 이를 통해 키워드 '만능Almighty'의 의미를 부여한 것이다. 수성을 뜻하는 'Mercurius'는 헤르메스/마법사 카드와 문장emblem을 공유한다.

카발라: 발출(케텔) → 지성/이해(비나) '신령스러운 지성'

신의 발출/발현/현현이 시작될 때의 모습을 칭하고자 '신령스러운 지성'으로 표현했다. 나아가 이 과정에서 영을 보는 자들이 겪는 환영의 근원이 이곳에 있다고 여겼다(동시에 그 속에서 발출의 장엄함을 보여주는 곳이라 여겼다). 이는 카드의 그림에 큰 영향을 끼친 요소로, 그의 모습이 왜 사선을 취하는지에 대한 이유가 된다. 바보 카드와 마법사 카드를 보면 좌우가 뒤집혀 있다. 이는 세피로트를 인체에 표현할 때 쓰던 방법으로, 자신이 직접 그 자세를 취한 것처럼 인물(바보, 마법사)의 모습을 묘사한 것이다.

또한, 마법사 카드는 발출된 영광을 직접 맞이하고 이해하는 모습을 그린 것이며, 이로써 여러 신비주의자가 겪었다는 경험의 원류가 이곳에 있음을 드러낸다.

☿ **점성술: 수성** 이 행성은 호기심과 지성을 주관하며, 주관적 요소와 객관적 요소를 연결한다고 여겨졌다. 호기심을 통해 지성을 충족해 낸 모습을 묘사했다고 이해할 수 있으며(마법사의 양손), 이는 곧 이 카드의 키워드인 의지, 기술과 의미가 상통한다. 의지와 기술이 어떤 방식으로 드러나는지 확인하려면 수성이 지배하는 별자리인 쌍둥이자리와 처녀자리의 성격을 확인할 필요가 있다. 정리하자면, 쌍둥이자리의 의미인 호기심·소통·다양성, 처녀자리의 의미인 분석·실용·정밀함을 동시에 갖춘다는 뜻이다. 이로써 마법사 카드가 달성하려는 목표에 대한 의지가 구현 가능함을 보여준다. 쌍둥이자리에 배정된 연인 카드와 처녀자리에 배정된 은둔자 카드의 의미를 엮는다면 의미는 더욱 명확해진다.

다시 말해, 타인과의 의사소통을(연인 카드) 중시하고 자신의 기술을 갈고닦으면서 때를 기다림으로써(은둔자 카드) 마법사 카드의 의미가 더욱 올바르게 발현될 수 있음을 보여준다. 특히 수성의 기능을 강화하는 별자리로 처녀자리가 다시 언급되는데, 기술이나 의지 또는 끊임없이 추구하는 자세를 지킴으로써 긍정적인 의미를 취할 수 있음을 강조한다. 또 한편으로는 부정적인 의미로서 드러나는 사기, 속임수 등의 키워드를 보여준다.

쌍둥이자리의 속성만 주목한다면, 자신의 기술이 완벽하지 않은 상태에서 이를 의사소통이나 거짓, 아첨, 허세, 모호함 등을 토대로 자신을 포장하는 순간 마법사 카드 본연의 의미가 퇴색될 수 있음을 드러낸다. 처녀자리의 속성만 주목한다면, 반대로 타인과 제대로 소통하지 못하고 기술적인 이야기만 반복하거나 비전문가에게 자신의 전문 기술을 설명하지 못할 수 있는 부정적 상황을 드러낸다.

II. THE HIGH PRIESTESS

여사제

이해

Understanding

신비, 전승을 뜻하는 카드다. 여러 책에서 다루듯 신비라는 키워드가 핵심인 까닭은, 카드가 묘사하는 장소는 쉽게 닿을 수 없는 곳임을 그림이 암시하기 때문이다. 여성이 존재할 수 없는 공간인 성전聖殿 내부에 여성을 자리하게 함으로써 그 의미를 극대화했다. 이를 통해 기존의 '수녀원장'이라는 의미에서 신비라는 키워드를 강화했다. 그와 더불어 글로 쓰이지 않은 지혜를 뜻하기도 하며, 이는 전승이라는 키워드로 확장된다. 전승은 일반적인 교육이나 전수가 아니라 구전이나 신비 체험 등 특수한 방식으로 전달되며, 이 카드는 이런 경험의 총체를 의미한다. 그렇기에 긍정적인 뜻에서 신비, 전승, 말하지 못하는 진실의 의미가 카드에 포함된다. 그러나 이처럼 비밀스러운 내용을 본인만 모를 때, 당연히 그에 따른 불이익을 받을 수 있다. 이는 무의식의 단절(풍속, 설화의 실전) 같은 모습으로 드러나기도 한다. 이로써 음모, 수동적인, 알 수 없는(그러나 분명 존재하는) 원인 등의 키워드가 카드에 추가된다.

석류 토라의 전통에 따라 '절대자가 축복을 내린 약속의 땅과 지혜'를 뜻하며, 아름다움과 성스러움과 거룩함을 의미하는 상징으로 종종 쓰였다. 그래서 솔로몬 성전, 대사제의 의복 등에 빠지지 않고 수놓였다.[15] 여기서 석류는 카발라의 세피로트 모양을 하고 있으며, 이를 통해 그 지혜의 속성이 카발라와 관계있음을 보여준다.[16] 또 지혜를 얻기 위한 비밀스러운 방법이 있음을 암시한다. 장막의 두 나무는 '성전에 숨겨진 두 개의 커룹'으로 「열왕기 상권」에 묘사돼 있다.[17]

장막 숨겨진(또는 알려지지 않은) 방법의 집합체를 상징하며, 상징으로서 절대자가 신비의 모습으로 언제나 그들 곁에 있음을 의미한다.[18]

옷 청색과 백색의 조합은 전통적으로 성모 마리아를 상징한다.[19] 여사제는 일반적인 사람이 아니라 신적인 요소가 관여돼 있음을 암시한다. 초자연적이고 기적적인 현상이 그녀 앞에서 벌어질 수 있음도 시사한다.

모자 처음에는 이집트의 여신 하토르Hathor의 지표였으며 뒤에는 이시스Isis의 상징이 됐다.[20] 이시스는 이집트 신화에서 다양한 모습으로 등장하며, 거대한 여성성과 하늘의 섭리를 뜻한다. 카드에 묘사된 성모 마리아의 상징 도상은 이집트 신화에서 묘사되는 이시스의 모습에 영향을 받은 것이며[21], 둘의 원형을 복원한 이미지로 형상화하고자 명확한 이시스의 도상을 추가한 것으로 보인다.

등변 십자가 카발라에서 완벽한 균형 상태에 이른 4원소, 말쿠트의 완성을 상징한다.[22] 이 힘은 카드에서 구체화하지 않은 채 추상적으로 묘사돼 있다. 따라서 이 십자가는 그녀가 '잠재적 셰키나'임을 표현한 상징이다.

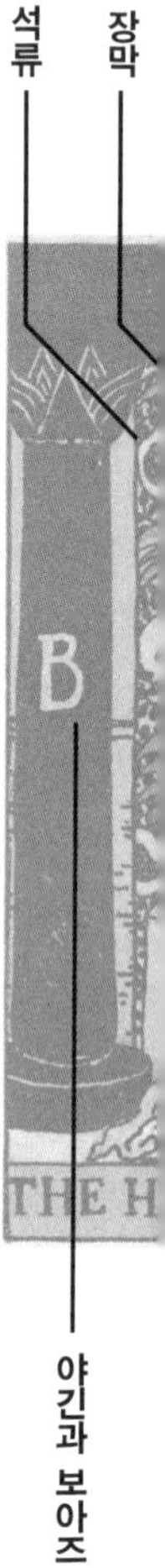

야긴과 보아즈Jakin & Boaz 이곳이 솔로몬의 성전임을 암시하는 단서다. 「열왕기 상권」에 따르면 야긴은 '그분이 세우다', 보아즈는 '그분께 힘이 있다'는 뜻이다.[23]

토라Torah 유대교 율법서인 토라는 인간에게 태생적으로 주어진 삶의 원칙, 지켜야 할 섭리를 담고 있으며, 구전에 기반한 '불문법不文法'이다. 따라서 전통적으로 유지된 지혜를 뜻한다. 이 여인은 토라를 지니고 있으며, 말해주는 사람이다. 또한, 이곳이 솔로몬의 성전이며, 절대자의 율법을 따른다는 사실도 암시한다.[24]

초승달 원형상징으로서 초승달은 무의식 속에 숨겨진 영적 메시지, 신비, 또는 그 세계 전체를 상징한다.[25] 여기서 초승달은 구체화하지 않은 이시스와 성모 마리아의 징표로도 볼 수 있다.

바다 원형상징으로서 거대한 무의식이자 영혼의 저장고이며, 이곳은 그 토대 위에 세워져 있음을 상징한다.[26] 또한, 야긴과 보아즈 상징과 겹쳐져 이곳이 실재하는 장소가 아니라 영적인 의미로 묘사한 성전임을 암시한다.

여사제는 이해를 요구하는 카드다. 여기서 이해해야 할 지식은 기록하기 어려워 전승으로 내려오는 지혜를 일컫는다. 똑같이 지식이더라도 유형화해낼 수 있는 지식을 다루는 마법사와 매우 다르다. 여사제가 의미하는 지혜는 유형화할 수 없는 여러 개념을 총괄하기 때문이다.

따라서 이 카드에 묘사된 상징의 의미들은 철저히 상징적이며, 전승과 구전에 입각한 지식과 내면 및 경험 또는 기적 체험으로 얻은 특수한 속성의 지혜만을 묘사한다. 그렇기에 이곳에 드러난 여성은 '실체는 있으나 존재하지 않는', 곧 미지와 실재의 중간 단계에 있으며, 이를 깨달음으로써 순수한 신지神知를 알아낼 수 있음을 보여준다. 그리고 신지에 닿는 데 필요한 최고의 수단으로 이해를 강조한다. 여사제는 '실제로는 존재할 수 없는' 모습으로 표현하는 방법을 동원해 설명하고 있으며, 이는 존재하지 않는 단어 'High Priestess'로 카드 이름을 바꾼 의도와 맞닿아 있다. 그녀는 제사에 참여하지만, 세상에 알려질 수 없는 존재다.*

여사제는 알려지지 않은 지혜를 가르쳐주는 카드다. 그 지혜와 지식은 성모 마리아의 성담聖譚과 같이 기록되지 않고 전해지며, 그 이야기 안에는 깨달음이라는 열매가 담겨 있다. 장막에 그려진 석류알은 '삶과 경험을 통해 형성된 지혜'를 상징한다. 그리고 그렇게 형성된 지혜들이 정제된 정수(손에 들린 율법서)는 전수할 수 있는 것으로 묘사된다. 그녀는 세상에 드러나지 않으나 그녀의 흔적(지혜와 지혜로운 행동의 결과)들이 상징의 방식으로 세상에 드러난다.

이 카드가 품고 있는 여성성은 육체적 여성성이 아니라 관념적이

* 야긴과 보아즈의 묘사에 따르면, 이 카드가 묘사하는 장소는 예루살렘 성전이며, 그곳은 유대교의 대사제만 출입할 수 있는 금녀의 구역이었다. 이 공간은 대사제가 신의 진명(테트라그라마톤)을 조심스럽게 부름으로써 제의를 시작/주관하는 장소이기도 하다. 그러나 이 카드의 묘사에서는 배경에 '바다'를 그려 넣으면서(바다는 여성 원리와 무의식의 저장고를 의미하는 원형상징이다) 이곳이 물리적 장소로서 예루살렘 성전이 아니라 영적인 의미로서 예루살렘 성전임을 묘사했다. 그렇기에 반대로 이 장소에는 남성이 들어올 수 없고, 여성만 접근할 수 있는 장소로 치환된다.

고 정신적인 의미의 여성성이다. 그렇기에 이 카드는 우리가 쉽게 생각하는 여성성과 전혀 관련 없다는 점을 알 수 있으며, 완전히 다른 의미로서 모성이 개입함을 알 수 있다. 그렇기에 이 카드에서 양육은 큰 의미가 없으며, 가르침과 전수보다는 (누구나 알고 있다고 착각하거나 당연하다 못해 뻔해서 귀담아듣지조차 않는)조언에 가까운 방식으로 지혜가 전달된다.

부정적 의미로 해석한다면 가장 먼저 음모Conspiracy를 언급할 수 있다. 이는 잘못된 이해가 빚어내는 오해이며, 감출 필요 없는 것들에 대한 지적으로 이어져 이성적 사고를 마비시키는 효과를 일으킨다. 그 증거가 터무니없는 음모론이다. 이는 이성을 흐리게 만들며 이해조차 못한 채 자신을 어리석게 만드는 결과를 빚는다.

연금술: 모든 질료에 무형적으로 깃들어 있는 '신의 숨결'을 의미한다. (모든 사물과 생명에 주어지며 질료 안에 들어 있는) '현자의 돌'의 재료가 될 수 있는 요소들이 신의 원칙(토라)에 따라 주어짐을 증명한다. 이는 카드의 키워드와도 완벽히 상통하며, 각자 공유하는 하나의 진리가 각자의 개성에 맞춰 다르게 존재함을 의미한다. 이제부터 세상 모든 질료에 주어진 것을 실체화해 현존하는 육신을 갖추게 할 존재를 언급하기 시작할 것이다.

카발라: 발출(케텔) → 미(티페레트) '합일시키는 지성'

영광(신의 은총/발현)의 정수가 있는 통로이며 나아가 모든 영靈에 진리를 계시한다고 알려져 있다. 이는 곧 발출이 다른 통로를 거치지 않고 곧장 미의 티페레트로 내려오며 신비적인 현상과 비전의 전승으로 세상에 구현됨을 뜻한다.

이 경로에는 숨겨진 세피라인 달성/창조의 다트가 배치돼 있는데, 이 세피라는 케텔이 있는 구조라면 성립할 수 없기에 점선으로 그려진다. 다트D'aat(h)는 수많은 수련과 명상을 거쳐 진입할 수 있는 곳으로 알려져 있다. 케텔이 그려지면 세피로트를 수직으로 연결하지 않는 한 다트는 결코 함께 표현될 수 없다. 이는 세피로트 자체에 10개로 구성돼야 한다는 전제가 있기 때문이며, 근본적으로 말쿠트를 제외한 모든 트리아드(삼각형)를 구성해야 하는 구조적 문제가 있기 때문이다. 예외적으로 신의 현신을 케텔로 해석하게 될 때만 다트가 성립할 수 있으며, 이때는 케텔이 아닌 호크마-비나-다트의 구조로 트리아드를 구성한다.

이 카드는 신비 체험을 통해 이곳에 진입할 수 있음을 의미하며, 나아가 그런 노력을 한 이들에게만 모습을 보여주는 세피라로 묘사된다.

☽ **점성술: 달** 여성적 면모를 대표하며, 감정을 주관하는 기질도 있다. 그렇기에 이성적인 것과는 거리가 멀고, 타인에 대한 감성과 무의식적인 감각의 공유를 통해 자신의 존재를 확인하는 천체로 설명할 수 있다. 이는 곧 이 카드의 키워드인 '신비, 이해'와 밀접한 관련을 맺고 있음을 알 수 있다.

이 의미가 드러나는 방식을 확인하려면 먼저 달이 지배하는 별자리를 살펴봐야 한다. 그 별자리는 게자리이며, 내밀성內密性을 주관해(어떤 공동체/집단/국가/민족이 공유하나 말로는 표현할 수 없는) 전승이라는 키워드가 발현한다.

위와 같은 키워드가 활성화되기 위해 어떤 수단을 취하는지 확인하려면 달이 활성화되는 별자리인 황소자리를 살펴봐야 한다. 이는 곧 교황 카드와 연결되며, 신비와 이해가 전승되는 가장 좋은 방식이 바로 전통과 교육에 있음을 알 수 있다. 곧 황소자리의 보수성과 전해 내려오는 것을 보존하려는 성향이 교황 카드의 전통, 교육 키워드와 맞아떨어짐을 알 수 있다. 나아가 여사제 카드의 키워드가 세상에 그 존재를 드러낼 수 있다는 의미도 된다.

라이더-웨이트 덱에서 십자가는 모두 다른 상징으로 배치돼 있다. 특히 여사제 카드의 십자가는 이른바 '등변 십자가'(또는 그리스 십자가)로서, 다이온 포춘의 『미스티컬 카발라』에 따르면 이 십자가는 카발라에서 다루는 말쿠트의 완성을 암시한다. 십자가는 가장 대표적인 원형상징의 하나로, 기독교 상징 외에도 다양한 의미로 쓰였다. 각 십자가의 의미는 다르나 성령이 어떤 존재로 보여질 수 있으며 여러 관점에서 어떤 성질, 기록, 전승에 따라 만들어졌는지 확인함으로써 각각의 의미를 더 명확히 알 수 있다.

✝ **일반 십자가** 직선 두 개를 수직으로 교차한 상징이다. 종교학적으로 지상'—'과 천상/지하'｜'의 합치로서 세상을 상징하며, 좌우와 상하를 포함한 네 방향을 뜻하기도 한다. 수비학적으로 4는 '세상의 고정'을 뜻하기도 하며, 세상 모든 곳을 아우르는 방향을 표현하는 데도 자주 쓰였다. 일반적으로 십자가의 네 끝은 세상의 끝을 상징하며 지상에서는 동서남북, 지상과 천상 및 지하를 모두 포괄하는 추상적 지표로 묘사된다.

☥ **이집트 십자가** 본래 십자가는 세상의 공간을 설명하는 의미만 담겨 있으며, 운동성이 표현돼 있지 않다. 여기에 운동성을 가미한 상징은 '원'을 첨가하는 것인데, 대표적 상징이 이집트 십자가 타우Tau다. 전통적으로 이집트 십자가에는 바퀴가 달렸다고 전해진다. 이는 세상의 영원순환성을 직관적으로 묘사한 상징이다. 이 의미는 수레바퀴 카드에서 조합되어 표현됐다. 황제 카드에서 황제가 쥐고 있는 타우 십자가는 이와 다르게 이집트에서 사용된 관습적 도상에 따라 '영혼' 또는 '목숨'을 간접적으로 의미하는 도상으로 쓰였다.

卍 **스와스티카swastika** 십자가의 변형 상징으로, 궁극적으로 '회전하는 십자가'를 묘사한 도상이다. 세계의 각 끝에서는 에너지가 흘러나오는데, 회전하면서 그 에너지가 원심력에 따라 돌아가는 모습을 묘사한 것이 바로 스와스티카다. 이 상징은 별 카드의 여인이 물을 흘리는 자세에서도 볼 수 있다. 시계 방향으로 돌아가는 스와스티카는 순방향으로 흐르는 에너지의 순리를, 역방향으로 흐르는 스와스티카는 섭리를 역행하는 행동을 나타낸다. 라이더-웨이트 덱에 그려진 추상적·기하학적 도상들은 본질적으로 드러나지 않고 잠재 상태로 남아 있는 에너지를 묘사하는 데 쓰인다. 특히 에너지나 힘 같은 추상적 힘 사이의 관계를 표현할 때 주로 활용된다.

III. THE EMPRESS.

여제

모성
Motherhood

예부터 여제는 모성을 상징했다. 초기 마르세유 덱에서 등장한 인물이 신성로마제국의 황후였던 성 아델레이드였던 것부터 시사하는 바가 크다. 크게는 국가에서 작게는 가정까지, 여제가 지닌 모성적인 위치를 찾아 나간다면 이 카드의 전체적인 의미 파악이 수월해진다. 생산과 소비를 주관하는 여제의 역할이 제대로 수행된다면 만물을 포용하는 현숙한 어머니상像으로 볼 수 있다. 하지만 사리사욕 또는 화려함에 치중되거나, 잉여생산물이 쌓이다 못해 썩어버리는 현상에 이르면 '생산과 소비'의 기능 저하나 부정적 의미로 이해할 수 있다. 그럼으로써 곧장 카드의 부정적 키워드인 낭비, 사치, 부패 등과 연결된다.

임부복 임부복에 그려진 열매는 구스베리Gooseberry이며, 이는 여제가 임신 중임을 표현하면서 이 덱이 지니는 그노시스파의 마법 상징을 동시에 암시한다.[27] 영국 민속에서 '아이는 어디서 태어나요?'라는 아이들의 질문에 '구스베리에서 태어난다' 또는 '구스베리 나무 아래에서 주워온다'라는 어른의 대답이 관용적으로 널리 퍼져 있다.

또한, 구스베리는 영국 민간에서 '바보의 딸기'라는 속칭이 있는데, 이를 메이저 카드에 적용하면 이 여제가 잉태한 사람이 바로 바보 카드에 드러난 바보THE FOOL 그 자체임을 암시한다. 라이더-웨이트 덱에서 '아이'가 특수한 마법적 의미를 띤다는 사실은 널리 알려져 있으며, 구스베리 상징을 통해 마법적 특성이 여제 카드에도 표현돼 있음을 알 수 있다.

홀Scepter 권위를 행할 힘을 갖추고 있으나 힘을 발현하는 행동 자체에는 신적인 권위가 없음을 상징한다.[28] 개화하지 않았지만 충만한 영성을 잉태할 수 있음도 암시한다.[29]

별의 왕관 성모 승천 교리와도 관련 있는 상징으로, 그녀가 우주를 포함한 세계를 뜻하는 황도 12궁을 아우르는 지위에 있음을 의미한다. 또한, 여제의 권위를 간단히 표현한다.[30] 다만, 전통적인 가톨릭 도상에서는 이 별이 후광의 형태로 묘사되나, 여기서는 왕관의 형식으로 머리에 씌웠다는 점에 차이가 있다.

숲 비밀스러운 여성 원리, 어둠을 비롯한 무의식적 감수성을 상징하며, 생명의 근원이자 약동하는 힘의 집합으로서의 신비를 뜻한다.[31] 이 카드에서는 여제가 주관하는 성장과 생육이 일어나는 공간을 표현하며, 풍요로 이어지기 위한 환경적 준비를 부여하고자 배치됐다.

비너스Vinus 이 도상은 비너스를 뜻하면서 연금술적으로 구리를 상징한다. 또한, 마르세유 덱에 쓰였던 독수리를 대체한 상징이며,[32] 성적 역할론(생육과 성장)을 강화한 장치다. 독수리를 새긴 방패가 있었던 마르세유 덱에선 신성로마제국의 초대 황제 오토 1세의 황후였던 이탈리아의 성 아델레이드를 의미했으나, 여기서는 이를 바꿈으로써 기존의 덱에서 확정적으로 지칭된 해당 인물과 키워드를 고유명사에서 칭할 수 없는 일반 명사로 바꿔 암시했다. 이런 방식으로 특정 대상/키워드/상황을 의미하나 명확한 고유명사로 칭할 수 없는 묘사 방식은 다른 카드에도 되풀이해 활용된다.

밀밭 물질적 풍요, 다산성을 뜻한다. 어머니로서 출산을 의미하는 관점도 있다.[33] 연금술 도상으로서도 중의적으로 쓰였다.

강 「창세기」 2장에 등장하는 피손(비손)강이다.[34] 풍요를 암시하려 삽입했다는 것이 정설이며, 어원을 보면 '풍부하게 흐르는 강'이라는 뜻이 있다. 하윌라 땅을 흘렀다고 기록돼 있으나 정확히 어느 곳을 말하는지 불명확하다. 피손강은 에덴동산에서 발원한 첫 번째 강이며, 에덴동산에 생명이 창조되며 생육한 이후 흘러나간다.

여제는 최초로, 그리고 끊임없이 만물을 생육하는 생산력을 뜻한다. 황제Emperor의 여성형인 'Empress'는 모두 로마 제정의 총사령관을 뜻하는 'IMPERATOR'에서 파생했다. 이 어휘는 'IMPERATUS'에서 유래했으며, '명령하다', '지시를 내리다'라는 뜻이 있다. 단어 자체도 이 카드의 힘이 일방향성임을 암시하며, 거스를 수 없는 속성이 있음도 내포한다. 이 일방향성은 카드에서 가장 큰 키워드의 뿌리를 형성한다.

여제는 황제와 완벽히 동등한 권한을 행사할 수 있는 지상의 통치자를 의미하나, 이 카드에서는 각각의 의미에 맞춰 남성/여성 원리를 양분하는 존재로 그려졌다. 그 때문에 카드 전반에 보이는 상징 대부분은 생명의 잉태에 관한 신비적인 내용 또는 그 내용을 주관하는 존재와 배경에 대한 묘사로 채워져 있으며, 이를 통해 모성의 발현과 그 가치가 어떻게 드러나는지 설명했다.

생산력에 관한 그녀의 권위는 거스를 수 없고 건드리거나 역행할 수 없다. 머리의 왕관과 그녀 뒤에 자리한 숲은 그녀의 권위와 내재한 힘을 지원한다. 또한, 그녀는 자신의 힘을 홀로 행사할 수 있다. 풍요의 힘은 그녀에게서 시작해 물질적 풍요와 다산(밀밭)에서부터 임신과 출산(임부복)에 이르기까지 현세의 모든 것을 아우른다. 그리고 현실적인 면뿐 아니라 초현실적이고 마법적인 면까지도 잠재한다(임부복의 구스베리).

생산과 생육은 현세에서 필수불가결한 요소이며, 이것이 멈추는 순간 새로운 것이 나타날 수 없고 모든 것이 사멸할 수밖에 없다. 반대로 오로지 생산밖에 없는 상태에서 잉여생산물이 범람하면 무리해서라도 소비해야 하는 사치와 향락으로 이어진다. 생산물의 목적이 선하냐 악하냐를 떠나 '생산'이라는 행위에만 매진하도록 두고 볼 수 없다는 점에서, 이 카드의 힘이 일방향임을 알 수 있다. 여제 카드의 부정적 키워드들은 바로 이 점에서 기인한다. 따라서 균형을 맞춰줄 대상이 필요하다. 그렇기에, 이 카드 한 장만으로 모든 것을 해결하고 설명할 수는 없으며, 그 맞은편이자 반대편인 부성으로 대표되는 카드를 둠으로써 문제 해결의 과정이나 관리/통제의 측면을 대두

시켜 균형을 이루게 조치했다.

또한, 이 카드는 여제가 생산하고 생육한 모든 것에 관해 책임과 의무를 지지 않는다는 점을 드러낸다. 이 점에서 여제 카드는 태어나고 생장하게 하는 제한적 역할에 국한돼 있으며, 그녀가 잉태한 모든 생명체의 행동은 온전히 개별적이고 각자 자유의지를 통해 행동할 뿐 그녀에게 종속되지 않는다는 점을 임부복에 그려진 구스베리의 마법적 의미와 연동시켜 표현해냈다. 그녀의 임부복에 그려진 구스베리의 마법적 의미는 여기에 기인한다.*

* 라이더-웨이트 덱에서 아이는 마법 그 자체로 묘사된다. 그녀가 잉태하는 아이는 '마법적 에너지'를 뜻하는 세 번째 인간으로서, 영적으로 여제와 완전히 독립적인 자아다. 이는 여제의 카드 번호 3과 밀접한 연관이 있다.

연금술: 구리 여성의 기호인 금성은 구리를 의미한다. 전통적으로 구리는 '정련해 완성할' 것을 뜻하며, 제련/정련을 거쳐 세상에 구현할 수 있도록 도와주는 것이다. 또한, 연금술적으로는 '모든 질료에 개입할 수 있는' 금속으로 일컬어졌다. 이 의미는 곧 여제 카드의 '생산, 풍요'와 연계돼 '질료를 잉태하는' 것으로 표현된다. 여기서 여제는 바보 카드에서 받은 신의 숨결을 세상 밖으로 꺼내주는 존재를 의미한다. 여제의 옷에 그려진 구스베리는 이 점에서 연금술적 의미도 지닌다. 그렇기에 기존 마르세유 덱보다 더 현실적인 임신부의 모습으로 이를 은유하고 있다. 땅속에 묻힌 질료를 본격적으로 이용할 수 있도록 생육하는 과정을 표현한 것이다. 이제 본격적으로 '위대한 작업'이 시작된다.

카발라: 지혜(호크마) → 이해/지성(비나) '빛을 밝히는 지성'
지혜로 지성을 발현시키거나 이를 이해하는 경로를 밟음으로써 상·하위의 존재를 서로 연결할 수 있음을 보여주며, 보이지 않게 계시된 성스러운 진리를 통해 기초를 닦을 수 있음을 뜻한다. 다시 말해, 만물에 이 기초가 내재함을 알 수 있다. 만물에 내재한 성스러움을 발견하고, 이를 통해 발전시킬 수 있음을 암시하는 곳으로 표현된다.

♀ **점성술: 금성** 모성과 여성성을 나타내는 행성으로 인식됐으며, 여기서 모성은 달과 달리 현실적인 여성성에 가깝다(관념적이고 태초의 모성에 가까운 의미는 달이 드러낸다). 이는 곧 여제의 키워드인 모성, 풍요와 맞아떨어진다. 낭만적 성향과 아름다움을 간직한 모습으로써 카드의 이미지를 표현했다고 이해할 수 있다. 이런 의미가 드러나는 방법을 확인하려면 이 행성이 지배하는 황소자리, 천칭자리의 의미를 확인해야 한다.

여제 카드의 모성에 황소자리가 의미하는 성장과 전통, 천칭자리의 균형과 아름다움과 적절함이 필수적으로 요구되며, 이를 통해 모성이 올바르게 발현될 수 있음을 보여준다. 황소자리에 배정된 교황 카드와 천칭자리에 배정된 정의 카드의 의미를 엮으면 더욱 명확해진다.

다시 말해, 생육의 필수조건으로서 교육(교황 카드)을 강조한다. 이는 아이의 탄생에서부터 시작되는 교육이 전통적으로 어머니의 책무였으며, 아이가 성장하며 경험하는 사회 속의 기반(가족, 학급, 국가 등)이나 공동체 안에서 특정 기준에 따른 균등한 분배(정의 카드)가 제대로 이루어질 때 긍정적 의미를 취할 수 있음을 보여준다.

또한, 행성의 기능을 활성화하는 별자리인 물고기자리를 통해 이 의미가 강화되는데, 이는 현실적 여성성을 넘어선 무의식적 요소가 두드러질 때 여제 카드의 모성이 극대화됨을 뜻한다. 더 넓은 의미의 공동체(인류, 문화, 종교, 국가, 민족 등) 안에서 공유하는 무의식을 모성으로 드러냄으로써 카드 고유의 의미를 더욱 강화할 수 있음을 보여준다. 이와 달리 여제 카드가 지닌 허영, 사치 등의 부정적 키워드는 위의 이야기를 반전시킴으로써 드러난다. 천칭자리의 의미를 통해 확인한다면 스스로 모성에 부여된 책무를 버리고 공정치 못한 분배를 하거나 잘못된 명분을 내세움으로써 여제 카드가 지닌 뜻이 퇴색할 수 있음도 보여준다. 또한, 황소자리의 의미를 통해 확인한다면 왜곡된 전통을 강요하거나 양육을 올바르게 해내지 못해 성장해야 할 것들이 도태되거나 잘못 자라나는 상황을 빚을 수 있다.

문장학紋章學, Heraldry

문장학에서 방패는 빼놓을 수 없는 주 요소다. 특히 방패 가운데서도 거치형 방패보다 손으로 직접 들어 방어할 수 있는 방식의 방패로 구성됐다. 각각의 규칙에 따라 해당 귀족 또는 단체의 성격과 지위와 출신을 한눈에 해석할 수 있게 구성돼 있다.

이 책에서 다루는 라이더-웨이트 덱의 여제 카드에 있는 방패는 금성 기호를 보면 여성성을 부여받았음을 확인할 수 있으나, 클래식 덱인 마르세유 덱에선 이 기호가 독수리로 돼 있으며, 황제 카드의 왕관과 독수리를 통해 신성로마제국의 오토 1세임을 확인할 수 있다. 그에 따라 그의 황후였던 성 아델레이드를 묘사한 것임을 알 수 있다.

IV. THE EMPEROR.

황제

부성
Fatherhood

황제는 여제의 반대 성격, 부성을 뜻한다. 초기 마르세유 덱의 황제는 신성로마제국 황제인 오토 1세를 묘사한 것이었으며, 황제라는 지위의 의미와 역할만으로도 키워드를 유추하기가 어렵지 않다. 현실 세계 안에서 업무 결정과 외부 행동을 주도하는 황제의 역할이 제대로 이뤄진다면 자신의 (구성원들이 함께 영유할 수 있는) 영역을 넓혀가는 고전적이고 진취적인 아버지상으로 볼 수 있으나, 이런 판단력 없이 과거의 권위에 기대어 제대로 판단하지 못한 채 암군暗君의 요소를 갖춘다면 틀에 박힌 권위적인 사람이 되거나 소통할 수 없는 독불장군으로 추락하리라고 볼 수 있다. 이는 곧장 카드의 부정적 키워드인 고집불통, 의심 등의 키워드로 표현된다.

앵크Ankh 생명을 상징한다.[35] 앵크를 든 모습은 황제의 권능을 통해 생사여탈권을 행사할 수 있다는 뜻으로 배치됐다. 이로써 황제의 권력이 어느 수준인지 확인할 수 있다. 과거에 가부장권(가장의 가정 내 권력)은 가족 구성원들의 생사여탈권도 있었다. 이 상징은 이를 상기시킴으로써 황제의 역할과 권리를 보여주는 장치로 그려진 것이다. 또한, 이 상징은 이 카드에 대응되는 연금술적 역할과도 깊은 연관이 있다.

옥좌 황제의 굳건한 기반을 나타내나, 갑옷을 입은 상태로 석좌에 앉은 황제의 모습은 은연중에 불안하고 안정적이지 못함을 보여준다. 그의 옥좌 자체가 견실한 토대를 갖추었다기보다는 강제적으로 굳혀진 것임을 알려주기도 한다. 옥좌에 각인된 산양은 황도 12궁의 산양자리를 의미하며, 산양자리의 지배성인 화성의 속성이 황제에게 내재돼 있음을 암시하는 장치가 된다.[36] 산양자리의 특성상 황제는 전투적이어야 하며, 갑옷을 두른 모습을 통해 그가 이를 알고 있음을 표현했다.

왕관 통치자의 상징이다. 묘사된 왕관은 신성로마제국의 왕관이다.[37] 세속의 통치자임을 의미하는 매우 즉물적인 상징이다.

민둥산 남성 원리임과 더불어 생명이 존재하지 않게 된 산을 의미한다.[38] 초토화된 산은 황제의 경계성, 무자비함, 두려움, 흉포함을 암시한다. 황제의 이 상징은 남성성의 원형상징임과 더불어 고대 게르만족의 습성에서 뜻을 유추할 수 있다.[39] 그들은 자신의 영역을 과시하려 마을 주변을 모두 황폐화함으로써 침입자들에게 경각심을 불러일으켰다. 로마 황제들은 이 풍습을 이용해 라인강 방어선을 구축하는 데 이용하기도 했다.

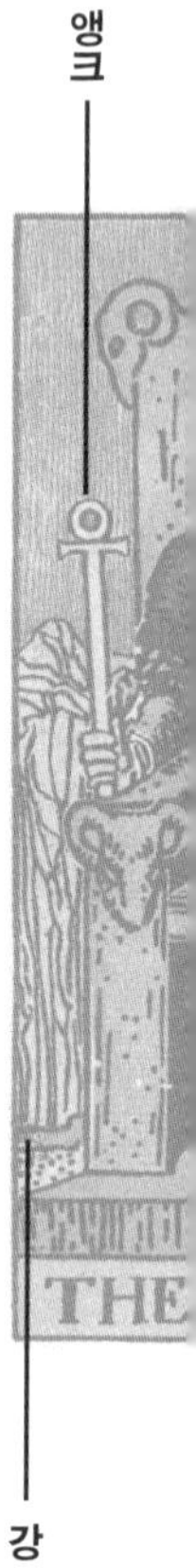

강 「창세기」 2장의 기혼강을 뜻한다.[40] 어원적으로는 분출, 솟아오름을 뜻하며, 여제 카드에 그려진 비손강처럼 정확한 위치는 알려져 있지 않았다.

갑옷 경계, 방어 심리를 암시한다.[41] 이는 산양자리의 옥좌와 결부돼 전투/긴장 상태에서 벗어날 수 없는 통치자의 숙명을 뜻하는 것으로도 이해할 수 있다. 황제는 필연적으로 정치적인 위협 상황에 놓여 있으며, 자신의 자리를 지켜야 하는 임무가 있다.

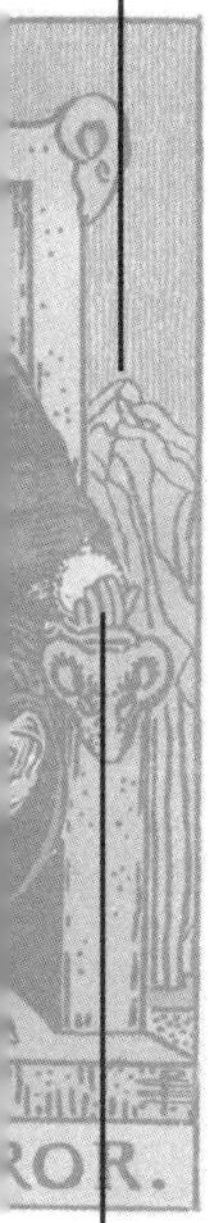

보주Orb 공히 인정받은 기반을 뜻하며[42] 세상의 통치를 상징한다.[43] 그러나 카드에는 원래 보주에 달려 있어야 하는 십자가가 없다. 이로써 신성의 인정을 받지 못한 채 불법적인 점거 또는 자신의 무력을 통해 일방적으로 획득한 기반임도 암시한다. 기반을 획득하거나 점거한 과정에서 명분이 없었기에, 황제는 주변을 극도로 경계하고 있음을 다른 상징물로도 확인할 수 있다.

이 카드는 전통적으로 황제, 총사령관을 의미했으며 크게는 국가와 제국과 세상의 통치자이자 작게는 가정을 통솔하는 가장을 의미했다. 카드 안에서는 모성과 부성을 양분해 대조하고자 배치됐다. 그렇기에 카드의 상징은 모두 통치하고 꾸려나갈 기반을 얻어내고 지켜내고자 하는 공격성과 의심과 경계, 그리고 기반 안에서 황제 자신이 행사할 수 있는 권력의 내용물들을 묘사하고 있다.

자원(기반)은 한정된 상태에서 자신의 기반과 입지를 지키고자 가장이 하는 노력과 결과물, 상황 들이 카드를 구성하는 배경이다. 원시시대부터 현대에 이르기까지 황제 카드의 역할을 맡아왔던 가장의 수고로움을 통해 피부양자들이 일상을 꾸려갔음을 언제든 확인할 수 있게 한다.

이 카드의 상징인 통치와 권위는 최소한 그가 이끄는 사람 사이에서는 정당하다고 평가받으나, 그렇다고 황제의 권위가 보편적이고 절대적이라는 의미는 아니다. 보주에 십자가가 빠져 있는 점, 권좌에 앉아 있으면서도 갑옷을 두르고 경계의 시선을 보내는 점으로 미루어볼 때 그의 권위가 보편적으로 수긍할 수 있는 것이 아님을 암시한다. 우주의 섭리로 부여받아 왕관을 쓴 여제와는 다르게 황제의 왕관은 철저히 세속적이며, 정신적·영적 권위는 철저히 배제돼 있다. 신성로마제국의 왕관을 남겨둔 이유는 이 때문이다. 여제의 권위는 거스를 수 없는 것과 달리, 황제의 권위는 언젠가 바닥으로 떨어질 수 있음을 암시한다.* 또한 황제의 시선과 갑옷을 통해 그도 상황을 인지함을 확인할 수 있다. 여기서 불안과 방어기제를 읽을 수 있다.

그리고 자신의 기반에 집착해 가혹한 통치를 하거나 자신의 방법만 고집하면 그가 마련한 기반을 저버리고 떠나는 자가 속출할 것이며, 나아가 무리한 전쟁으로 영토가 피폐해지는 것을 피할 수 없다. 황제 뒤의 민둥산이 이를 반영한다. 여제 카드에서는 숲이 그녀의 권

* 여제의 왕관은 별의 왕관으로서 신화적/영적 권위에 의해 하사받았지만, 황제의 왕관은 세속의 쟁탈과 세습으로 취했음을 알 수 있다. 이로써 여제의 권위는 인간적 차원에서는 거스를 수 없으나, 황제의 권위는 언제든 뒤집힐 수 있음을 보여준다.

위를 지원해주는 것과 달리, 황제 카드에서는 그 힘이 역행함을 확인할 수 있다. 그림 속 황제는 스스로 배경이 되는 기반을 황폐화하고 지위를 얻었으며, 언제라도 그 힘이 (타인/자신의 의도로) 사라질 수 있다는 점을 인지하고 있기에 무리하더라도 자신의 힘으로 일군 기반을 지탱하려 한다.

연금술: 하소 재료로 선택한 질료를 가열해 필요 없는 부분을 제거하는 과정이며, 황제의 손에 왜 생사여탈권을 뜻하는 앵크가 부여돼 있는지를 증명한다. 더 나아가 배경의 민둥산은 이 과정이 종료된 뒤 질료의 표면적 상태를 보여준다.

카발라: 지혜(호크마) → 미(티페레트) '구성하는 지성'
아무것도 명확히 보이지 않는 상황에서 창조 행위를 통해 형상화하는 과정에 해당한다. 이로써 남성성을 통한 창조의 실체를 밝히고, '아름다움'으로 만들어나간다는 의미로 이해할 수 있다. 장중함, 엄숙미로 표현되는 과정을 보여주며 티페레트의 다른 명칭인 '작은 얼굴Microprosopus'을 구성하는 지성의 역할을 강조한다. 발출의 케텔은 큰 얼굴Macroprosopus로 여겨지며, 여기에서 발출해 내려온 티페레트를 작은 얼굴로 지칭한다. 티페레트에 도달한 신성(Micropro-sopus)의 경우 실제 드러남과 드러나지 않음이 공존하는 것이라 여겨진다. 또한, 이 뒤로 티페레트와 이어지는 경로들은 작은 얼굴을 형성하고자 어떤 성질을 드러내는지를 상호 보완하는 모습으로 보여주게 된다.

♈ **점성술: 양자리** '투쟁심'을 의미한다. 그렇기에 자신의 기반을 닦는 작업이나 다른 경쟁자들을 이겨내려는 모습으로 비친다. 이는 모두 '생존 본능'에 가깝다. 물론 생존 본능에 가까운 투쟁심은 그만큼 타인과 충돌하기 쉽다는 단점이 있다. 이런 문제의 원인을 인지하려면 양자리가 지배하는 행성을 확인해야 한다. 이는 곧 화성, 탑 카드에 대응한다.

화성은 목적성을 위해 정복·파괴하는 의미를 지니며, 긍정적인 의미로서는 어떤 고난과 역경을 거치더라도 (자신에게는)숭고한 목적을 향해 나아가는 모습으로 드러난다. 물론 반대의 의미를 엿본다면 그 목적에 부합하지 않는 타인에 대한 무신경함과 잔혹함이 된다.

탑 카드는 황제 카드의 투쟁심이나 생존 본능이 어떻게 표출되는지를 그대로 보여준다. 급진적이고 갑작스러운 충격을 줌으로써 타인에게 자신의 권위와 지위를 인정받고자 한다는 의미다. 물론 반대의 경우도 성립한다. 이미 그런 충격을 주고 이룬 자신의 위치를 똑같은 방식으로 빼앗길 수 있다는 것이다. 따라서 황제 카드는 그런 불안감이 커질 수밖에 없는 성향을 드러낸다.

보주

정당한 방법으로 얻은 권력과 약속된 지위를 뜻한다. 또한 그 정당성을 누가 주었는지는 별개로, 그 형태에 따라 보주의 속성이 정해진다. 보주를 손에 넣었다는 것은 온 세상을 통치할 권한이 있다는 뜻이며, 법칙과 규율을 만들고 통치한다는 뜻도 있다.

글로부스 크루키케르Globus Cruciger(십자가 달린 보주) 일반적으로 보주는 십자가와 결부된 모양을 띠며, 교회에서 흔히 볼 수 있다. 구슬은 세상을 뜻하고 십자가는 교회에게 세속에서의 권위를 인증받았다는 의미로, 기독교 교리가 보주를 지닌 자의 권위와 통치성을 인정하고 보증한다는 뜻이다. 따라서 십자가가 달린 보주를 지닌 자는 기독교 교리에 바탕을 두고 통치한다. 왕관에서도 이 형태를 종종 볼 수 있다.

살바토르 문디Salvator Mundi 글로부스 크루키케르 가운데서도 예수가 보주를 들고 있는 도상을 특별히 살바토르 문디라고 부르는데, 여기서 구슬은 투명하다. 이는 보이지 않는 세계까지 아우른다는 뜻이다. 이 보주는 「요한 묵시록」에 언급된 심판의 날에 대한 암시가 포함돼 있다.

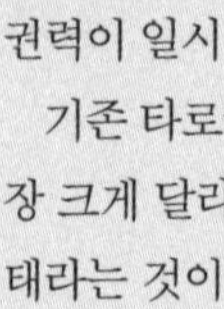

민무늬 보주 황제 카드에서 그가 들고 있는 보주에는 인증을 뜻하는 어떤 상징물도 찾아볼 수 없다. 그는 그저 세상(구슬)을 얻었을 뿐이다. 이는 그가 권위와 통치권, 법률권을 자신의 힘으로 획득했다는 뜻이며, 어떤 영적·정치적 보편 권리에게 인증받지 못했다는 뜻이기도 하다. 권력을 쥐고 있다는 의미를 지니면서, 그의 권력이 일시적이고 보편적이지 못함을 시사한다고 볼 수 있다.

기존 타로카드 덱의 황제 카드와 비교해 라이더-웨이트 덱의 상징에서 가장 크게 달라진 점은 황제의 권위가 보편적이지 못하며 언제나 불안정한 상태라는 것이다. 이는 황제 카드의 키워드 가운데 하나인 '투쟁 상태'의 뿌리를 이룬다.

V. THE HIEROPHANT

교황

전통
Tradition

교황은 전통과 교육을 뜻한다. 이 전통은 인간뿐만 아니라 신에게도 인정받은 권위로, 클래식 타로에서 이 카드의 인물이 전형적인 가톨릭교회의 교황Pope이었다는 점을 상기한다면 그 의미가 더 명확해진다. 교황 카드가 교육을 의미한다는 것은 유럽 문화의 전통적 관습에 기반한다. 근대 이전에 유럽 문화권에서는 대학을 제외한 모든 교육이 교회에서 이루어졌으며, 심지어 대학도 교회의 부수 연구기관으로 시작됐음을 이해해둘 필요가 있다. 따라서 이 카드의 중요한 의미인 교육은, 확고한 경전과 가르침을 기준으로 형성된 전통의 역할 가운데 하나라 볼 수 있다. 교황은 이 모든 것의 수장이자 대표자이며 통치자다. 따라서 교황은 전통의 수호자로서 다른 사회 구성원의 자발적인 존경을 불러일으키는 존재다. 달리 보면, 그는 세속의 문제에 관해서는 철저히 닫혀 있으며 관심을 두지 않는다. 본질적으로 교황은 확고한 지위임에도 금욕성을 지향하기 때문에 세속의 유혹에 약할 수밖에 없으며, 이 때문에 공동체 구성원을 타락하게 할 수 있음도 경고한다.

기둥 두 기둥에 그려진 문양은 연금술적으로 응결Dissolution을 뜻하며, 육신corpus과 심혼anima에 영spiritus을 심는다는 상징으로 배치됐다.[44]

왼손 왼손의 표식은 삼위일체를 뜻하는 암시이며[45] 자신이 신성을 대리하는 존재임을 표현하는 손짓이다. 전통적으로 하늘을 가리키는 두 개의 손가락은 천상을, 땅을 가리키는 두 개의 손가락은 지상을 가리키며 엄지손가락은 그를 묶고 중재하는 역할을 뜻한다. 이는 교육에 대한 비유다. 이를 통해 이 인물은 하늘의 진리를 땅으로 내려보내는 의무를 수행함을 암시한다.

미트라 관 그가 교황 또는 종교 지도자임을 표현한다.[46] 이 삼중관은 교황의 관으로 유명하나 그 기원을 찾는다면 이 관의 형식이자 이름인 미트라교에서 유래했으며, 초기 기독교가 발원한 시기 미트라교의 전통을 받아들인 흔적으로 볼 수 있다. 그 뒤로 줄곧 교황을 상징하는 관으로 쓰였다.

수난의 못 성자성심聖者聖心을 의미하는 세 개의 못은 예수의 십자가형 당시에 양팔과 발등에 박힌 못을 뜻하며, 예수의 고난을 상징한다.[47] 이는 어떤 고난에도 굴하지 않는 성자의 성스러움, 그 고난 속에도 인류를 향해 자애를 펼친 성자의 성스러운 마음을 상징하는 징표이며, 신도들이 고난을 함께 견디고 뒤따른다는 의미도 있다. 여기서는 교황이 그에 따른 책무를 현세에 짊어진 존재임을 드러내는 상징으로 배치됐다. 수난의 못은 마이너 카드의 3 of Swords에 변형돼 다시 나타난다.

교황 십자가 트리니티Trinity 십자가라고도 부른다. 교회에서 말하는 세 왕국(지상, 교회, 천상)을 뜻하며, 왕국 사이의 교통을 주재함도 뜻한다.[48] 그와 더불어 삼단으로 이루어진 십자가는 삼위일체를 암시한다. 이로써 교황이 행하는 힘의 종류가 바로 신성에 닿아 있음을 뜻한다.

세 개의 십자가 가톨릭에서 자신의 행동을 신에게 영광 돌리는 신앙고백을 상징한다. 이는 각각 생각과 말과 행동이 신앙에 귀속됨을 뜻한다.[49]

탁발托鉢 세속의 욕망을 벗고 교회에 봉사하겠다는 다짐을 상징한다.[50] 수도 생활을 다짐하며 세속의 욕망을 끊는다는 결심을 보여주는 입문 의식이었다.

장미와 백합 둘 다 자신을 신께 바친다는 신앙고백의 상징이다. 그와 함께 둘은 세속 교회의 대립 상황을 뜻한다. 여기서 장미는 동방정교회의 상징으로, 백합은 로마가톨릭교회의 상징으로 쓰였다.[51] 장미는 삶과 죽음의 덧없음, 내세로 진입함을 뜻하며 동방정교회에서 성모 마리아의 상징이었고, 백합은 로마가톨릭교회에서 성모 마리아를 뜻했다. 이는 신 앞에서 겸허함을 표현하고 자신의 보속補贖을 풀고자 회개함을 뜻하며, 이 카드의 이름이 'Pope'에서 'Hierophant'로 바뀌는 이유를 설명해준다. 여기서는 두 교회(이단)의 대립조차 중재하는 보편적 속성의 '종교지도자'를 뜻한다.

성 베드로의 열쇠 바티칸시국의 대표 상징으로, 천국의 문을 열 수 있는 열쇠다. 성 베드로가 예수에게 직접 받은 것으로 이 그림의 인물이 교황임을 강하게 암시하며 그의 지배 영역이 현세보다 사후의 영역, 곧 실재하지 않은 것에 닿아 있음을 보여준다.[52] 교황 십자가와 의미를 결부해 이해하면, 교황에게 거절/거부당한 것은 하늘과 땅에서 입지를 얻을 수 없으며 어떤 조직이나 공동체에서든 '악'으로 규정돼 소멸당할 것임을 의미한다.

체스판 교황의 발밑에 있는 흑백의 체스판은 세상 속에서 이루어지는 이원적 요소(선과 악, 빛과 어둠 등)가 언제나 뒤섞인 상태에서 서로 배척하려 한다는 점을 뜻하며, 그럼으로써 선악/행운이 뒤바뀌며 펼쳐지는 인생의 교착 상태를 상징한다.[53] 그 위에 자리 잡은 교황은 국면을 주재하거나 교착 상태에서 자신이 추구하는 바를 달성해나가는 존재로 묘사된다. 전통적으로 체스판은 선과 악이 세계를 지배하려고 벌이는 거대한 전쟁으로서의 현실계를 뜻하고, 현현顯現에서 비현현非顯現으로 회귀하는 과정을 뜻한다. 여기서 현현顯現은 'Hierophany'를 일컫는데, 이 의미는 교황 카드의 이름과 직접적으로 닿아 있다.[54]

청색과 적색 교회 관련 상징에서 대립 관계를 구축하곤 한다. 염료 전쟁에서는 성속聖俗의 역할이 대비됨을 묘사한다.[55] 13세기 적색 염료의 재료인 꼭두서니를 취급하는 상인과 청색 염료의 재료인 대청을 취급하는 상인 사이에 심한 갈등이 있었으며, 그 뒤부터 전통적으로 청색과 적색은 교회의 대립을 표현할 때 쓰인다. 또한 두 색에 얽힌 보편적 가톨릭 상징이 있는데, 이는 장미와 백합으로 구체화하면서 본뜻을 그대로 남겨놓았다.

아버지를 뜻하는 라틴어 단어 PAPA에서 유래한 교황의 명칭 Pope는 실재의 '부격夫格'을 초월한 여러 전통·관습의 주관자를 의미한다. 따라서 카드 안에서도 전통과 관습의 형성 과정이나 그를 통해 교황이 어떤 목적(여기에서는 신성에 회귀 및 순종)을 향하는 사람인지 드러내고자 상징들을 배치했다. 카드 안에서 표현한 내용은 매우 일관되며, 어떤 사회나 집단이 추구하려는 바를 달성하고자 시도됐거나 권장했던 것 자체로 묘사했다. 이로써 조직이나 집단 안에 전승되고, 마침내 전통이 되는 과정을 묘사한다.

이런 방식으로 완성된 전통은, 특정 종교에 국한하지 않더라도 사회가 구성되면 자연스럽게 만들어지는 보편 전통을 뜻한다. 큰 의미로서 예의와 도덕이 이런 것이라면, 좁은 의미로는 생활 속 관습으로 표현되는 것이 모두 여기에 해당한다. 이런 보편 속성을 보여주고자 라이더-웨이트 덱에서는 가톨릭 교황을 의미하는 'Pope'라는 단어 대신에 대사제를 의미하는 'Hierophant'라는 단어를 썼다. 이 단어는 '대사제'로 종종 번역하지만 종교적 경험의 본질에 훨씬 닿아 있다. 이 인물은 교파를 초월해서 신이 지상에 내려온 성현聖顯의 강림을 목격하고 그를 통해 전통을 확립한 존재다. 따라서 확고한 종교적 진리와 전통 확립, 전파(교육)가 카드의 주된 키워드가 된다. 이 덱에서는 기독교 전통의 상징을 주로 배치했지만, 근본적으로 종교에서 보편적인 속성의 키워드를 가지고 있다.

카드에서 대사제가 지닌 물건(교황 십자가, 미트라 관, 성 베드로의 열쇠처럼 강력한 상징성을 띠는 것)은 대부분 전통의 정당성을 보여준다. 이런 전통을 올바로 세운 예를 압축한 표현이 노블레스 오블리주 noblesse oblige로, '가진 자가 기꺼이 짊어져야 하는 책무'가 있음을 알려준다. 이것들은 지도자 스스로 사회에 올바른 전통을 구현하려 했고, 그에 따라 해당 사항이 전승되면서 사회 전반에 그 가르침이 '당연한 것'이 되도록 만들었기 때문이다. 이것이 교황 카드 속 전통이라는 키워드의 뜻을 그대로 실행한 모습이라 볼 수 있다. 이 카드에서는 이런 책무에 관련한 역할의 무게를 로마가톨릭교 전통에 따라 수난의 못으로 표현하며, 왼손의 손짓으로 이를 실천하게 하는 교육의 중재 역할을 표현한다. 또한, 체스판처럼 혼란스러운 세상에서 가르침을 주고 길을 만들어줄 수 있는 존재로도 묘사된다.

이 카드의 부정적 키워드는 전통의 속성을 그대로 보여준다. 세대 차이가 벌어져 전통이 구축한 의미는 소실되고 형식만 남아버리거나 실리가 없는 형태로 전락한 구태와 악습이 그 대표적 예다. 전통에만 의존해 형성된 악습은 수많은 추태를 다음 세대에게 강요하고, 끝내 모두를 타락의 길로 이끈다. 카드의 키워드대로 신의 섭리(올바른 전통)를 따라 세상에 고루 퍼져 미풍양속으로 자리 잡는다면 다행이지만, 그 이면에서 교황 같은 지위에 올라선 사람의 타락은 고질적인 해악과 폐습의 생성으로 발현하며, 이는 부정, 축재, 위선, 기만 등과 같은 카드의 부정적 키워드로 드러난다.

전통은 부패와 청산의 반복을 거쳐 움직인다. 이는 전통의 가장 중요한 특징이기도 하며, 이 카드에서는 이런 과정을 거쳐 궁극적인 진리의 전통을 확립할 수 있음을 표현한다. 두 탁발 신도에게서 뻗어 나온 체스판의 길이 이 과정을 나타낸다.

연금술: 응결 질료의 성질/성향이 증발/소멸되는 것을 막고 응집하는 과정을 나타내며, 카드의 의미와 그림을 통해 '내부의 결속을 굳건히 하는 요소'를 강조하는 것으로 확인할 수 있다. 이 과정에서 질료의 몸body과 혼soul 안에 영spirit을 부여하는 것으로 묘사했다.

특히 이 과정을 표현하는 연금술 도상이 교황 뒤의 두 기둥에 있는 문양이다.

카발라: 지혜(호크마) → 자비(헤세드) '승리의 지성/영원한 지성'

이 경로가 곧 영광으로 인한 기쁨이며, 나아가 의인을 위해 예비된 낙원(에덴동산)이라 여겨졌기 때문에 붙은 명칭이다.

이는 (남성 원리를 통한) 지혜가 자비로 변화하는 과정을 드러낸다. 지혜를 통해 구축되는 자비를 뜻함으로써 흔히 알고 있는 순수한 자비의 모습보다 '(남성적인 면모를 지닌) 지혜를 통해 만들어진 승리를 이룩할 수 있는 자비'로 드러난다. 이는 교황 카드를 통해 이를 공인/인정하는 자로 그려지며, 전통과 미덕이라는 카드의 키워드와 상통한다.

♉ **점성술: 황소자리** 이는 귀족적·보수적 성격이 기반으로 삼는 '예의와 전통에 대한 존중'을 뜻한다. 이 카드는 이미 쌓은 기반에서 기존의 규칙과 전통을 수호하고 교육하는 모습으로 규정되며, 거대한 공동체의 보존에 그 의도가 있다. 그러나 이런 보수적·전통적인 모습은 그만큼 변화에 무방비할 수 있으며, 속으로 곪아 악습으로 굳어지고 공동체를 망가뜨리는 원인이 되기도 한다.

이런 문제의 원인을 인지하려면 이 별자리를 지배하는 행성을 확인해야 한다. 이는 곧 금성이며, 여제 카드에 대응한다. 금성은 실체 있는 형태로 자신의 모습을 드러내며, 그 과정에서 보편성을 지향한다. 또한, 응당 그리돼야 할 것들이 올바르게 구현될 수 있도록 활동하는 섭리를 지향한다. 이것의 긍정적 의미는 자신이 속한 공동체의 미덕을 교육하고 따르며 가치를 부여하는 데 있다. 반대로, 순리와 미덕을 빙자해 편법을 취하거나 부패해서 사람들에게 악덕을 권장하는 모습으로 격하되는 치명적 문제가 있다.

여제 카드는 교황이 보여주는 보수성과 전통 지향적 모습이 왜 형성됐는지를 보여준다. 안정 지향적이고 전통을 승계할 이들을 배출하고, 그와 함께 새로이 태어나는 요소를 교육해 공동체를 유지함을 뜻한다. 반대의 경우도 성립한다. 기존의 기반과 전통을 뒤흔드는 요소에 대해 배타적인 모습을 보이는 것으로 드러나거나, 의미가 퇴색한 허례와 인습을 강요함으로써 자신의 입지를 약화할 수 있다는 뜻도 된다.

이는 그림 속에서도 그 의미를 알 수 있게 표현했는데, '어떤 공통분모를 지닌' 곳이 아니라면 교황이 내세우려 하는 전통도 의미가 퇴색함을 뜻한다. 이는 카드 이름을 'Pope'에서 'Hierophant'로 바꾸면서 기존 덱의 모순점을 비판하며 극복해냈다. 교황Pope이라는 단어를 쓰지 않음으로써 이 카드는 로마가톨릭교회에 대한 비판과 함께, 교황이 아닌 이 세계(유럽-기독교)의 정신적 지주가 존재함을 주장한다.

Hierophany

Hierophant는 그리스어 ἱεροφάντης에서 파생했으며, 성스러움을 의미하는 hiera와 이를 보여주는 것을 뜻하는 phyein의 합성어다. 곧, 성스러운 현상을 직접 체험하거나 타인에게 이를 드러내 보여주는 자를 뜻한다. 특히 고대 그리스 시대 아티카 반도 전역에 뿌리 내렸던 엘레우시스 비의를 관장하는 이들을 지칭했다.

교황 카드의 원래 이름은 'Pope'였으나, 라이더-웨이트 덱에서는 Hierophant로 이름을 바꿨다. 둘 다 제사장을 일컫지만, 로마가톨릭교 안에서만 쓰는 '교황'이라는 명칭의 특수성을 배제하고 보편적 종교 상징으로 끌어올리려 했던 의도가 엿보이는 대목이다. 그러나 대부代父로서 교황의 지도자적 위치와 달리 Hierophant의 의미는 맥락상 훨씬 종교체험적이다. Hierophant는 대사제(제사장)라는 뜻이며, 어원적으로 '신성한 빛을 세계에 드러내는 사람'이라는 뜻이 있다. 또한 이 단어에는 '지상에서 발현된 신성한 힘Holy Power을 목격하고 그 신성한 행적을 좇는다'라는 뜻이 함께 들어 있다.

아서 에드워드 웨이트는 『타로의 그림열쇠』에서 Hierophant의 의미를 단순히 종교적 단어로 국한해 이해하는 실수를 범하지 말 것을 강조했으며, 어디까지나 Hierophant의 행동이 표현하는 방식에 집중해 이를 응용할 것을 주문했다.

한국어로 Hierophant를 정확하게 번역하기 어려워 교황으로 표기하기는 했으나, 『타로의 그림열쇠』 한국어 번역자를 중심으로 '대사제'로 대체하자는 주장이 있다. 그러나 이 또한 명확한 뜻을 전달하는 번역어로 보기에는 애매한 점이 있어 보편화되지 못한 실정이다.

종교학자 미르치아 엘리아데의 『성과 속』에 따르면 'Hierophant'의 어원 'Hierophany'는 '성스러운 힘이 지상에서 발현됨(聖顯)'을 뜻하는 단어다. 성스러운 경험 또는 성스러운 사건은 인간이 다룰 수 없는 초현실적 힘에 압도됨을 뜻하며 인간이 이를 두려워하는 감정에서 출발한다고 한다. 이 힘을 누멘Numen이라고 일컫고, 이 경험을 누미노제Numinose라고 부르는데, 이는 말로 표현할 수 없을 만큼 압도적인 초자연적 힘의 체험을 말한다.

성스러운 것은 스스로 성스러운 힘을 입증하는 초현실적 사건을 만든다. 이것이 바로 성현聖顯, 'Hierophany'다. 그리고 누미노제를 통해 성현을 보고 경험해서, 그로부터 받은 세상의 질서를 전파하는 사람을 'Hierophant'라고 부른다. 종교적으로 말하자면 'Hierophant'는 '신성을 목격한 자'이며,

그 안의 질서를 아는 사람이다.

그는 신성의 목격 속에서 세상을 구성하는 거룩한 질서와 원리를 찾아낸다. 그리고 초현실적 사건 과정을 바탕으로 그 원리를 일상으로 끌어들이려 한다. 다시 말해, 종교인들은 성스러운 힘이 발현되는 상황을 모방하려 함으로써 이 힘을 인간 세계 안으로 끌어들여 삶의 표준으로 맞추려 했다. 대표적인 사례가 예수 최후의 만찬을 모방한 성찬미사다. 최후의 만찬을 모방함으로써, 예수가 만들어낸 기적(살과 피)의 성스러운 순간Hierophany을 인간의 삶 속에서 재현해 그 힘을 강림하게 하는 것이다.

누멘을 체험한 사람들은 그 힘을 경배하고, 힘이 세상의 중심을 잡아줄 수 있으리라 믿는다. 다시 말해, 성스러운 체험이 삶의 중심에 자리한다. 이것이 오랜 시간 굳어지면 '전통'이 된다. 여기서 'Hierophany', 곧 이 카드의 키워드인 '질서와 전통'이 파생한다.

결론적으로 이 카드는 유럽에서 널리 퍼진 로마가톨릭교 교황의 사회적인 면을 부각하고자 교황의 상징을 많이 가져왔으나, 그 종교적인 면과 인격적인 권위에서는 '신성을 체험하고 그 빛을 나누는 자'로서 대사제가 지닌 의미를 부각하고자 교황이 아닌 'Hierophant'를 가져왔다고 보인다.

VI. THE LOVERS.

연인

의사소통

Communication

카드 배경이 '에덴동산'인 까닭은 선악과를 먹기 전후의 모습을 그대로 보여줌으로써 의사소통 관련 키워드를 부각하려는 데 있다. 성경에 따르면 본디 아담과 하와는 벌거벗은 채 살았고, 만물과 자연스럽게 소통할 수 있었다. 성경은 이 공간을 낙원(에덴동산)이라고 불렀는데, 이는 '말과 표현 없이도 자연스러운 소통이 이루어지는 경지'를 묘사한 것이다. 나아가 카드가 의미하는 의사소통이 이루어졌을 때 어떤 상황이 일어나는지 보여준다. 또한, 이 카드는 서로 치부를 숨기며 스스로 벽을 세우는 순간도 묘사한다. 궁극의 소통 전후를 보여주면서 키워드를 모두 발산한다. 의사소통의 긍정적 요소들이 키워드가 될 뿐만 아니라 우리가 소통하지 못할 때 발생하는 모든 일, 곧 소통의 부재와 그 때문에 빚어지는 충돌이 부정적 요소로 카드의 키워드에 들어간다.

생명의 나무 지혜의 나무이자 생명의 나무를 의미하며, 이 나무의 열매가 선악과다.[56] 나무가 여성 뒤에 있는 까닭은 앞으로 일어날 일을 암시하려는 것이다. 「창세기」에서 하와가 아담에게 선악과를 먹자고 종용한 것을 의미하려 배치했으며, 이 사건이 아직 둘에게 일어나지 않았음을 보여준다.[57]

태양 완벽하게 내려진 신의 은총을 뜻한다.[58] 여기서는 형언할 수 없는 신을 의미하고자 태양의 모습을 추상적으로 표현했다.[59]

천사 대천사 미카엘이다. 구름 위의 존재로서 남녀의 의사소통이 이루어졌을 때 신성과 위대한 영광이 나타남을 암시하고자 그려졌다.[60] 또한 의사소통이 이루어지지 않을 때 일어나는 충돌을 예고하는 의미도 내포한다. 더불어 완벽한 의사소통으로 만들어진 연금술적 결과물이 천사의 머리에 있는 불꽃으로 표현돼 있다. 밀턴의 『실낙원』에서는 아담과 하와가 선악과를 먹자, 대노한 야훼가 미카엘에게 둘을 에덴동산에서 내쫓게 했으며, 다시 돌아오지 못하도록 미카엘에게 명해 에덴동산을 지키도록 했다고 전한다.[61]

구름 신성이 드러나는 순간을 의미한다.[62] 라이더-웨이트 덱에서 모든 구름은 이 상징 의미를 지닌다. 여기서는 '미지의 위대한 존재'가 개입함을 나타내고자 쓰였다. 이 카드에서는 남녀의 의사소통이 이루어져야 천사가 강림 또는 출현할 수 있다는 의미를 전하고자 등장했으며, 다른 의미로 이 남녀가 현재 천사를 완벽히 인지하고 있지 못하고 있거나 인지하기 어려움을 보여주는 상징이다.[63]

두 팔 전통적으로 신의 대리자가 인간에게 축복을 내리는 몸짓이다.

불타는 나무 「창세기」에 나오는 '커룹cherub'이다.[64] 아담과 하와가 추방된 뒤에 신은 에덴동산 동쪽에 이 나무를 둘러 세워두었으며, 인간이 에덴동산에 접근하지 못하도록 천사들을 보내 감시하게 했다고 전한다.[65] 이 도상은 선악과를 먹은 뒤의 모습을 암시하는 장치다. 외경外經과 성담聖譚에 따르면 야훼는 아담과 하와가 선악과를 먹었음을 알고 난 뒤에 둘을 내쫓고 생명의 나무를 불태운다.[66] 그리고 둘이 생명의 나무와 에덴동산에 다시 다가오지 못하도록 미카엘을 보냈으며, 불붙은 나무는 영원히 타오르는 것으로 묘사된다. 이 나무를 '발현된 지식의 나무'라고도 부른다. 이 불타는 나무는 신성한 곳에 대한 경계의 표시로 쓰인다. 또한, 카드에 그려진 열두 개의 불꽃(커룹)은 연금술적으로 자신을 단련하는 열두 단계(또는 열세 단계)를 암시하기도 한다.[67]

뱀 전형적으로 악의 유혹을 뜻하지만, 그 전통적 상징이 바로 「창세기」 이야기에 기반한다는 점을 눈여겨볼 필요가 있다.[68] 뱀이 나무에 걸려 있는 까닭은 하와가 선악과를 먹은 원인과 뱀의 유혹을 함께 묘사하고자 한 데 있다.[69] 또한, 생명의 나무와 지식의 나무를 중의적으로 내보이고자 의도적으로 배치했다.[70] 이는 카발라 엠블럼에서 지식의 나무가 뱀이 매달린 모습으로 묘사되며, 각각의 세피라는 열매로 표현되기 때문이다.

아담과 하와 「창세기」의 인물인 이들은 선악과를 따먹기 이전 상태를 표현하고자 벌거벗은 상태로 그려졌다.[71] 벌거벗은 몸은 순수성을 상징한다.[72] 남녀 한 쌍은 극과 극의 형질을 지닌 대립체를 의미하며, 종극에는 합일됨을 예고한다.[73]

산 니파테스Niphates산으로, 성령이 에덴동산에서 내려오는 곳으로 알려져 있다.[74] 천상과 지상이 소통하는 장소로서 '야곱의 사다리'와 같은 맥락의 의미를 지닌다. 그러나 이곳은 성령이 지상에 내려온 최초의 장소로 좀 더 특별한 의미가 더해진다. 원형 상징으로서 니파테스산은 우주축Axis에 해당한다.[75]

연인 카드는 궁극적인 의미에서 의사소통에 관한 모든 것, 연애뿐만 아니라 넓은 의미의 의사소통 전반을 뜻한다. 다만 의사소통의 가장 깊은 의미가 연애에서 가장 잘 구현될 뿐이다. 카드의 키워드는 의사소통의 궁극적 지향점이 연애 상태에서 일어나는 감정의 교감 속에 있음을 암시한다. 연애와 더불어 이 카드의 가장 훌륭한 키워드가 예술의 창작과 감상으로, 이 또한 의사소통의 한 면을 보여준다. 궁극에 다다른 소통은 언어와 문화, 인종과 국경을 초월하고 나아가 아무 말 없이 모두를 희열과 감동으로 이끈다. 수많은 매체에서 불후의 명작으로 꼽는 예술 작품 하나하나가 구구절절한 설명 없이도 인류 보편에 감동을 줄 수 있는 것도 이 카드의 키워드에 정확히 해당한다. 따라서 이 카드는 예술 자체를 뜻하기도 하며, 카발라의 티페레트에 해당한다.

카드의 긍정적 키워드가 궁극의 의사소통인 것과 반대로, 부정적 키워드는 소통의 부재에서 일어나는 문제를 가리킨다. 이 또한 성경에 기반하며, 소통 부재의 원인과 대가에 대한 이야기가 남녀 뒤에 있는 두 나무의 그림으로 암시된다. 유혹이나 독설을 비롯한 모든 종류의 개인 판단이 소통을 거치지 않았을 때 드러나는 부작용으로 묘사된다.

카드의 도상들은 철저하게 「창세기」의 에덴동산 이야기에서 가져왔으며, 의사소통에 대한 알레고리를 이용해 카드의 키워드를 상정했다. 결국 소통이 중요하며, 소통이 이루어질 때 비로소 추방당했던 낙원으로 돌아가 기쁨을 누릴 수 있다는 의미를 담았다. 이에 대한 암시는 셋의 시선을 통해 극적으로 드러난다. 남자의 시선은 여자를 거쳐 천사로 향한다. 이는 에덴동산 이야기와 이어져, 소통 없는 '유혹'으로 원죄를 지어 추락한 아담의 구원 및 속죄 방법이 올바르고 이상적인 의사소통을 통해 이루어질 수 있음을 묘사한 것이다. 아담이 하와에게 선악과를 받았을 때, 그가 미카엘이나 신과 소통해 허락을 받았다면 에덴동산 이야기는 다르게 흘러갔을 테다. 추방당한 아담은 신과 소통이 끊어진 상황이며, 이를 복구하고자 배우자인 하와를 거쳐 신의 대리인인 천사에게 닿음으로써 은총과 축복을 얻어내야만 소통을 회복할 수 있음을 그림에서 강조했다. 추방당한 아담은 소통이 끊긴 상황이다. 그는 자신의 배우자인 하와를 거쳐서, 그리고 하와는 신의 대리자인 천사의 은총과 축복을 거쳐서만 소통을 회복할 수 있으며, 시선과 손짓으로 그들은 자신의 위치에서 가장 필요한 소통의 제스처를 보내고 있다.

이런 카드의 핵심 구도는 남→여→천사의 방향성, 말과 행동으로 표현하기 어려운 의사소통을 통한 구원과 승천의 삼각형을 암시적으로 드러낸다. 이 교감의 의사소통을 바탕으로 한 '마법의 삼각형'은 다른 메이저 카드에서 점점 구체적으로 나타난다.

연금술: 응고 그림의 구도를 통해 응고의 의미를 담아두었다. 천사의 양손에서 두 나무를 타고 내려오는 사각형과 아담→하와→천사로 이어지는 시선이 만들어내는 '보이지 않는 삼각형' 구도가 그것이다. 연인 카드의 키워드인 '의사소통'이 성립될 때 어떤 작용이 나타날 수 있는지를 이 구도로 알 수 있다. 이 기호는 지상/육체(□)에 내려온 불/영Spirit(△)을 의미한다.

다만 문제는 의사소통이 원활하다는 전제 아래서만 불이 내려올 수 있다는 점이다. 그렇지 못하면 응고의 과정이 실패할 수 있음을 보여준다. 응고는 어떠한 의지를 통해 상극인 것을 조화롭게 하나로 만드는 과정 자체를 묘사하지만, 어디까지나 소통이 성립함을 전제로 하기에 그림으로 명확히 그려지기보다 구도로 무형화해둔 것에 가깝다. 이를 유형화해낸 것은 뒤에 다룰 카드에서 등장한다. 이를테면 절제 카드에서 천사의 가슴에 그려진 기호로 가장 확실하게 그 모습을 볼 수 있다.

카발라: 지성, 이해(비나)→미(티페레트) '나누어주는/처리하는 지성'
지성, 이해를 통해 아름다움을 완성해가는 방식이 카드의 키워드인 '의사소통'에 있음을 드러내며, 의인들에게 믿음을 주고 성령으로 감싸주는 샘과 같은 역할을 하게 된다고 설명한다. 이 경로에서 '신실한 성자와 정의로운 자들과 이를 나누어 그들이 거룩한 성령을 받을 수 있게끔 처리하는 과정'이 이루어진다. 이로써 미의 티페레트가 얻을 토대가 구성된다.

Ⅱ **점성술: 쌍둥이자리** 별자리 특유의 기질인 상호작용을 통해 교류를 시작함을 뜻한다. 따라서 이 카드는 전혀 다른 객체(남녀)가 소통함으로써 완성에 이를 수 있음을 보여주며, 타인과 의사소통을 시작하는 것에서 완성을 향한 단계가 시작됨을 강조한다. 서로 다름에도 같을 수 있음을, 나아가 같아지고 극과 극이 합일을 추구하는 것이 긍정적임을 시사한다. 그와 달리 의사소통에 문제가 생겨 서로 견해차만 확인하고 주저앉거나, 피상적으로 이해한 상태를 마치 전문가가 된 것처럼 착각하면서 일어나는 실수가 이 별자리에 따라 좌우될 수 있음도 보여준다.

이런 성격이 어디서 기원하는지 파악하려면 이 별자리를 지배하는 행성을 확인해야 한다. 이는 곧 수성이며, 마법사 카드에 대응한다. 수성은 호기심과 접근과 관찰이 그 특성이며, 의사소통을 성립시키는 데 매진한다. 다만 수성의 특성인 호기심은 아이처럼 선악 구분이 모호하며, 이 때문에 타인에게 무의식적으로 피해를 줄 수 있다는 점을 주의해야 한다.

이 카드를 통해 좋은 의사소통으로 상승과 결합이 일어남을 알 수 있다. 반대로, 일방적인 의사소통 때문에 좋지 못한 상태를 의미하기도 하며 최악의 경우 자신의 주관을 강요해 자신만 소통이 됐다고 착각하는 상황으로 나타날 수 있다.

마법사 카드는 이런 연인 카드-쌍둥이자리의 특성이 어떤 방식으로 이루어지는지 보여준다. 어떤 상황에서 의사소통이 됐든, 그 성사는 본인의 의지에 따라 결정됨을 알 수 있다. 반대로, 의지나 기술이 부족해 소통 자체가 되지 않음도 보여주며, 최악의 경우 의도 자체가 부도덕하거나 비상식적일 때 문제가 일어날 수 있음을 의미한다. 그리고 이 모든 것은 의지를 표출해 (그 순간만이라도) 완성에 다다를 때야 비로소 이상향(구름-신성)이 현실로 다가올 수 있으리라는 점을 그림을 통해 설명한다.

생명의 나무와 지혜의 나무

연인 카드에 등장한 생명의 나무와 지혜의 나무는 같으나, 그림에서 묘사한 사건과 관련된 시간의 변화를 통한 의미(의사소통이 되지 않아 벌어진 문제들)를 연대기로 표현했다. 이런 기법은 히에로니무스 보스Hieronymus Bosch가 그린 〈쾌락의 정원The Garden of Earthly Delights〉에서 확인할 수 있다. 이 그림에선 에덴동산과 아담과 하와의 출현, 실낙원, 이로 말미암은 지옥의 고통을 같은 그림 속 장소에서 묘사한다.

VII. THE CHARIOT.

전차

결정적 순간

The Decisive Moment

이 카드는 가장 급한 순간에 시간이 멈춘 듯한 모습, 동중정動中靜의 순간을 뜻하며, 이때의 몸가짐에 따라 목표 달성 여부를 판가름할 수 있게 해준다. 이 순간 모든 준비를 마쳤다면 승리를 거두고 목표를 달성할 수 있다. 이는 중대한 결정이나 전진하는 것에 대한 키워드가 카드에 자리 잡고 있다는 점에서 확인할 수 있다. 반대로 준비되지 못하거나 자격 없는 상태에서는 키워드가 부정적으로 흐르는데, 이미 호랑이 등 위로 올라탄 형국을 뜻할 수 있으며 흐름에 휩쓸려 문제를 해결하려는 결심조차 못한 채 표류하고 타의로 상황에 끌려다니는 모습을 보여주게 된다. 이러한 부정적인 면은 우유부단, 일의 지연 등의 키워드로 카드 안에 내포돼 있다.

홀 영광을 상징하고, 카드 안의 인물이 도달하려는 곳으로 나아감을 뜻한다.

천개天蓋 별 무늬의 천개는 우주를 뜻하는 비의적 상징이다. '하늘에서와 같이 땅 위에서도As Above, so Below'라는 경구와 같은 뜻이다.[76]

구원의 별Star of Redemption 기독교 문화에서 일컫는 말로, '믿음을 통해 신에게서 명예를 하사받은 고귀한 존재'임을 상징한다.[77] 또한, 이 사람이 '보이지 않는 것들을 믿고 추진하는 사람'임을 뜻한다.

초승달 결단력을 상징하고자 쓰였다. 둘의 이름은 우림과 둠밈이며, 유대 사회에서 선악을 심판하는 데 쓰였다.[78] 그러나 정작 이 도구가 어떻게 쓰였는지에 관한 기록은 전하지 않는다. 여기서는 결전의 상황에서 겪는 패배와 승리라는 의미로 차용됐으며, 본인의 능력으로 양자택일할 수 있는 결단력 자체를 뜻한다. 어깨의 점은 그가 이를 짊어지고 있음을 뜻하며, 이 도구의 힘을 발현해 그 힘을 등에 업었다는 의미로 해석할 수 있다. 이로써 승패에 따른 결과를 각오하는 것으로까지 의미를 넓힐 수 있다.

사각형 마스터Master를 뜻하며 이 전차를 몰고 있는 자가 그만한 능력이 있음을 상징한다.[79]

성곽 아빌라의 성녀 테레사와 연관된 '내면의 성The Interior Castle of St. Teresa of Ávila'(또는 영혼의 성)으로, 인간이 내면의 신에게 접근하는 일곱 단계를 표현한 은유 상징이다.[80] 연금학자 마이클 마이어에 따르면 이 상징은 연금술 전통에서 관습적으로 '두 개의 탑이 있는 성'으로 묘사된다.[81] 이는 이 카드의 전차가 추구하는 '종착지' 또는 전차의 '목적지' 도달 방법과 관계있다.

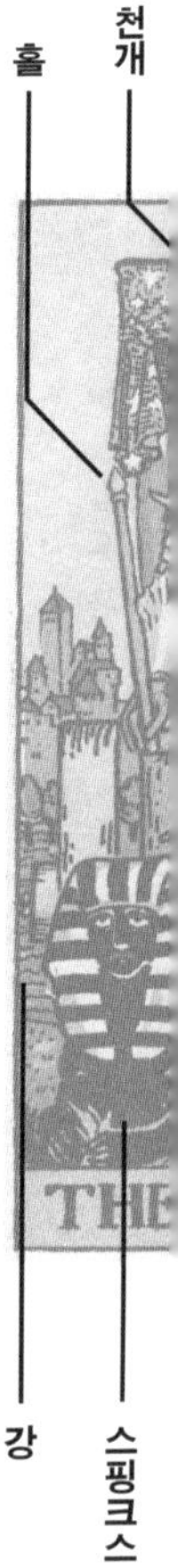

강 성곽을 기점으로 삼아 세속적인 곳[82]과 경계선을 뜻하며, 전차가 서 있는 곳이 현실이 아님을 암시한다. 또한 아빌라의 성녀 테레사 전통에 따라, 영혼의 성을 둘러싸고 경유하는 물길을 뜻하기도 한다.[83] 이 성은 차단된 비밀 장소이며, 그는 그곳에서 걸어 나온 존재로 묘사된다. 또한, 이 강은 「창세기」 2장의 에덴동산에서 갈라져 나온 강이며 힛데겔강(현재의 티그리스강)을 뜻한다고 전한다.[84] 어원을 살펴 상징화한다면 '화살처럼 빠르게 흐른다'라는 뜻으로 볼 수 있다.

스핑크스 흑백의 대비를 통해 정반대의 속성이 부딪히며 이 때문에 나타나는 결과와 효과 들이 있음을 암시한다.[85] 이 상징물은 (호루스의 어머니) 이시스의 자매인 하르마키스의 원래 모습이며, 이 모습이 후대의 그리스신화에서 스핑크스로 나타난다.[86] 단순한 흑백의 대비 말고도 의미가 하나 더 있는데, 스핑크스 자체는 이 청년이 오이디푸스임을 암시한다.

호루스의 날개 스핑크스 사이의 중앙에 있는 이 상징물은 결정적 상황, 결전을 묘사하는 표시로 쓰였다.[87] 이집트 신화 속에는 수많은 호루스가 있는데, 호루스 베데티의 신화에서 이 상징을 처음 언급했다. 호루스 베데티는 베데트의 서부 델타 지역에서 숭배된 신앙의 표지로, 태양신 라가 현세를 통치하던 시기 누비아에 있었던 호루스 베데티가 악신 세트의 반역 기도를 막아내고자 이룬 업적의 하나를 이 상징물로 표현한다. 호루스가 여러 전투를 겪고 마침내 결정적인 두 번의 전투에서 악어로 변한 세트에게 위협적인 공격을 받자, 이를 격퇴하려 날개 달린 태양 원반으로 모습을 바꿔 승리한다는 이야기가 있다. 이 상징은 그 뒤 세트와 격돌하는 호루스를 기리는 용도로 쓰였다. 전차 자체가 신성을 띠며, 결정적 순간에 다다랐음을 나타내는 상징이다.

전차는 말이 끄는 마차를 뜻하는 라틴어 단어 'CARRUS'에서 유래했으며, '사람을 나르는 역할을 하는 마차'를 뜻했다. 어원적으로 '전차Chariot'라는 단어의 뜻은 크게 두 가지로 카드의 키워드에 녹아들어 있다. 첫째로 전차는 일반적인 의미로 로마 시대부터 내려온 '전쟁이나 결투에 쓰이고 말이 모는 마차'를 뜻한다. '결정적 순간', '추진력' 등의 의미는 대부분 전차의 첫 번째 뜻에서 나온다. 두 번째 뜻은 '종교의식에 쓰이는 바퀴가 넷 달린 운반 마차'로, 카드에서는 이 뜻이 결부되어 전차의 이동에 특수한 목표를 상정하는 데 쓰인다.

전차 카드는 결핍, 판단, 결판, 결심 등을 의미한다. 그리고 그 상황을 이루어낸 사람을 묘사한다. 그러나 스스로 마음을 다잡지 못하면 결국 상황에 휩쓸려 자신을 잃어버리게 됨을 의미하기도 한다. 이는 반대로 경솔한 결단이 가져다주는 부작용도 내포한다. 잘못된 판단이나 결정으로 생기는 수많은 잡음이 여기에 해당한다. 어떻게든 결단을 내려야 하는 상황임을 뜻한다.

자신의 왕국을 지키고자 살인자를 찾으려 했던 오이디푸스의 결정은, 전후 사정을 모른 채 본다면 구국의 결단으로 이해할 수 있지만 독자는 그의 결정이 잘못됐음을 안다. 바로 이 부분이 카드를 해석하는 사람들에게 단순히 옳은 결정만 의미하도록 해석하기 어렵게 만든다.

상징들을 연결해 카드를 분석하면, 크게 전차 자체의 상징과 인물의 상징으로 나눠서 정리할 수 있다. 카드 번호인 7이라는 숫자가 깊이 연관돼 있는데, 7은 카드의 상징과 키워드를 연결하는 데 중요한 열쇠다.

신성을 향해 날아오르는 전차는 자신의 신성을 숨김없이 보여주며, 전차를 덮은 천개가 이를 보증한다. 또한, 전차가 맞이한 순간이 절정임을 암시하는 호루스의 날개를 통해 사건의 가장 팽팽한 순간임을 예상할 수 있다.

7과 관련해 카발라주의의 관점으로 이해한다면, 전차는 전통적 유대 신비주의에서 '에제키엘의 환시'에 등장하는 메르카바Merkabah를 의미한다. 메르카바는 신에게로 올라가는 전차이며, 이에 도달하려면 수련자는 일곱 관문(헤칼로트Hekhaloth)을 통과해야 하고 그 뒤에 전차에 올라 절대자를 알현하는 여행을 시작하게 된다. 이 전차에 닿고자 명상하는 수련자는 각 관문마다 수문장과 수많은 악령의 훼방에 맞서 싸워 이기는 과정을 거쳐야 한다. 이 점에서 카드가 묘사하는 상황으로 보면 반드시 승패를 겨뤄야 함을 의미한다. 또한 준비 여하에 따라 승패가 좌우됨을 알 수 있다.

전차 뒤의 두 성은 연금술 전통에서 '내면의 성inner castle'이라 일컫는 도상으로 아빌라의 성녀 테레사의 '영혼의 성'에서 확장된 상징이며, 내면의 탐구를 거쳐 절대자를 만나는 일곱 단계를 묘사한 것이다. 전차 카드는 환경이 주어진 결단의 상황임을 드러내면서, 자신과의 싸움도 요구한다. 이 카드에 '마음의 승리자'라는 키워드가 있는 까닭은 이 성에 있는 특수한 역할과 상징 때문이다. 이러한 상징들은 모두 전차를 탄 인물이 신성한 위격과 초인적 능력을 갖추었으며, 그 능력을 모두 발휘할 순간을 겪고 있음을 암시하는 셈이다.

이 전차의 인물은 종종 오이디푸스로 묘사된다. 그리스신화를 확인해보면, 이 카드의 긍정적·부정적 의미를 함께 묘사하고자 차용했음을 쉽게 알 수 있다. 그는 승패를 자신이 결정할 수 있을 만큼의 역량(어깨의 초승달)과 명예(머리의 관)를 갖추었으며, 이 결단을 실행할 능력과 판단력 또한 지녔다(손에 들고 있는 홀). 오이디푸스 신화는 그대로 키워드에 적용돼 있다. 그로써 '자신의 능력을 과신할 단계가 아님을 인지하고, 오만하지 말라'라는 뜻을 전할 수 있다. 또한 카드의 키워드인 결정적 순간·결단과 융합해 '마지막의 마지막까지 숙고하라'는 조언을 함께 할 수 있다.

결단, 그리고 급한 상황에서도 자신다움을 잃지 말고 해야 할 것이 무엇인지 정확히 알고 앞으로 나아가라는 의미다. 이런 과정을 거친 다음에 내린 판단이 옳다면 (메르카바가 신의 성역에 닿을 수 있도록 움직이듯) 일이 좋게 이루어질 수 있음을 뜻하며, 결정하지 못하고 뒤처진 이들과 완전히 다른 영역(강 건너)에 있는 성역聖域으로 인도될 것임을 보여준다.

연금술: 용해 흰색 사각형은 외부에서 내부를 향하는 과정을 통해 자신을 완성/연성해가는 모습을 보여준다. 전차가 신의 전차인 메르카바라는 점에서도 상당히 중의적인 묘사를 해두었다. 이를 통해 천상에 도달할 수 있다 믿은 헤칼로트Hekhaloth Books들을 통해 발전한 신앙이며, 전차 카드의 결정적 순간이 어떤 순간(신성에 도달하는)인지를 묘사한 것이라 할 수 있다. 더 뚜렷한 연금술 상징은 뒤에 그려진 성곽이다. 아빌라의 성녀 테레사의 '영혼의 성'의 상징에서 확장된 이 성은 내면을 탐구하여 절대자를 만나는 일곱 단계의 수행법을 의미한다. 전차가 성 밖에 있다는 점은 이 카드에서 시사하는 바가 크다. 내면의 탐구가 없는 단순한 돌격은 그저 자신을 피폐하게 만들 뿐임을 엄중히 경고한다. 이는 질료 내부에 녹아들어 형질을 변화시키는 과정, 곧 용해 단계를 묘사한 것이다.

카발라: 지성(비나) → 심판, 힘(게부라) '지혜/영향력의 집의 지성' 탐구를 계속함으로써 그림자/베일로 감추어져 있던 비밀이 서서히 이끌려 나오듯 회복됨을 드러낸다. 이 비밀은 비나에서 내린 지성이 발현되고 이를 판단하는 과정을 뜻하며, 그 과정에서 요구되는 가치가 이 카드의 키워드인 '결단'이라는 점을 강조한다. 또한, 오이디푸스를 통해 그 결단의 양면성을 암시한다.

♋ **점성술: 게자리** 전차 카드의 키워드를 살펴보면, 이 배치를 통해 키워드에 드러난 우유부단함과 일치하는 면모가 게자리와 맞아떨어진다. 이는 어떤 사건이나 상황이 시작되기 전에 내부 결속을 다져야 함을 강조하며, 방어적 입장을 취함으로써 자신의 영역을 보존하고 나아가 신중함을 통해 급변하는 상황을 제어할 수 있음을 의미한다. 결정적 순간을 앞두고 고민하는 것이 언제나 좋은 것이 아니듯, 이에 따른 역효과는 지나친 고민으로 상황에 적응하지 못하고 끌려갈 수 있음을 의미하기도 한다.

이런 특성을 이해하려면 이 별자리를 지배하는 행성을 확인해야 한다. 이는 곧 달이며, 여사제 카드에 대응한다. 내면/내부에 있는 무의식적 문제나 불안감을 해소하거나 수용함으로써 결정적 순간에 본인의 역량을 다할 수 있음을 강조한다. 반대로 이를 실행하지 못해 행성 자체의 기능이 부정적으로 기울면, 결정적 순간이나 상황에 자신의 역할을 다하지 못하거나 타인의 의도를 무방비하게 수용하는 상태로 악화되는 문제를 빚는다.

여사제 카드는 전차 카드가 보여주는 방어적 성향이 어디에서 나타나는지를 그대로 드러내준다. 외부에서는 문제없어 보이더라도, 내부의 비전秘傳이 없는 상태이거나 부재하는 비전을 완성해야 하는 단계임을 의미하며, 이를 통해 스스로 자신이 향해야 할 곳을 찾아나아갈 수 있게 추진력을 얻어나가야 한다는 점을 강조한다. 반대로 껍데기뿐인 것들만 가지고 나아간다면 결국 본래 의도에서 벗어난 채 엉뚱하게 달려나가거나, 의도를 잃지 않았더라도 결과물이 타인의 계산된 의도 때문에 상황에 끌려갈 수밖에 없음을 보여준다. 그림 속에서도 다양한 상징을 통해 의미를 알 수 있게 표현했으며, 그림에 등장하는 인물이 누구인지를 생각하면 이는 더욱 명백해진다.

아빌라의 성녀 테레사와 영혼의 성

전차 카드의 도상은 아빌라의 성녀 테레사의 '영혼의 성'을 바탕으로 구성돼 있다. 아빌라의 성녀 테레사는 인간이 내면의 신에 도달하려면 일곱 단계를 거쳐야 한다고 기록했는데, 이는 도상학적으로 물줄기가 소용돌이치는 탑으로 묘사되곤 한다. 이를 적용하면, 전차 카드 뒤에 보이는 성에서 흘러나오는 물은 이 그림을 모티브로 구성했다고 볼 수도 있다. 또한, 일곱 단계로 정리되는 연금술 전통 아조스AZOTH도 '내면의 성' 도상에서 크게 영향받은 것으로 보인다. 7은 기독교 철학에서 가장 중요한 완성의 단계를 암시하기 때문에, 기독교 철학에서 파생한 연금술 개념으로 보는 것이 타당하다.

아조스AZOTH

17세기 중반에 활동했던 독일의 연금술사 바실 팔렌틴Basil Valentine이 쓴 책『철학자 아조스*Azoth of the Philosophers*』에 나온다. 그림을 통해 연금술 작업의 시작과 끝을 담았음을 은유하며 이를 수행하는 데 필요한 요소와 행위 등을 표현했으며, 이 과정을 설명하면서 각 질료가 변화하는 과정을 내면의 영혼과 정신의 움직임으로 묘사했다.

VIII. STRENGTH.

힘

충돌 속의 견딤

Perseverance in Collision

본래 이 카드의 명칭은 'FORCE'로 쓰이다가, 라이더-웨이트 덱에서부터 의도적으로 'STRENGTH'로 바뀌었다. 동시에 카드의 의미도 물리적 에너지에서 '내면의 힘'을 뜻하는 쪽으로 바뀌었다. 또한 바로 앞 카드인 전차의 동중정動中靜과 반대로 정중동靜中動의 의미를 지닌다. 내면의 힘이란 단순히 외압에 굴하지 않는 것만을 뜻하지 않는다. 스스로 본인의 야성을 다스리는 것일 수도 있다. 다양한 상황에서 이 카드가 의미하는 '내면의 힘'이 필요할 때가 있다. 부조리를 지적하는 것일 수도 있고, 사랑하는 이에게 자신의 마음을 전달하고자 마음을 다잡는 모습일 수도 있다. 이런 긍정적 의미의 모습들은 용기, 인내 등의 키워드로 이 카드에 포함된다. 반대로 자괴감에 빠져 다 잡은 성공을 놓치거나, 머뭇거리다 사랑하는 사람이 다른 이의 곁으로 가버리거나, 부조리한 상황을 따르는 경우가 이 카드의 부정적 의미라고 볼 수 있다. 이는 망설임, 만용, 우유부단, 방심 등의 키워드로 카드에 포함된다.

헤일로Halo 뫼비우스의 띠는 무한한 역량을 뜻하는 전형적인 상징으로 차용되었으며, 마법사 카드에서처럼 헤일로의 의미도 지닌다.[88] 나아가 이 여성이 사실은 무형적 관념에 가까운 존재임을 보여주려는 목적으로도 배치됐다.

화관 화관과 벨트는 그녀가 물리적 폭력과 반대되는 인물임을 뜻하며[89], 자연미와 순진무구한 표현력, 도덕적 삶의 총체임을 보여준다. 그녀의 무한한 정신력이 주위의 찬사나 호의를 불러옴을 뜻한다. 또한, 사자를 막는 행동을 통해 그녀에게 영광과 기쁨이 함께할 수 있음을 암시한다.

여인 사자와 대비되는 존재로, 내면의 힘 자체를 보여주는 상징이다. 여인의 흰옷은 순수와 순진무구를 뜻한다.[90]

손 강압적 물리력의 행사가 아닌 방식으로 사자를 제압했다는 것을 보여준다. 또한, 헤일로·화관과 의미를 연계해서 그녀의 힘은 정신-내면에서 우러나오며, 이는 곧 사자가 지니는 상징성과 융합하고자 나아가는 열정을 표현한다.

사자 보통 용맹과 위엄을 상징하지만, 여기서는 인간의 본능과 본능적 욕망, 곧 야성을 상징한다. 나아가 인간과 짐승의 차이를 구별했으며, 그 가운데 이성적이지 않은 모습을 표현하고자 배치됐다.[91] 또한, 카드에 배정된 점성술적 내용을 표현하기도 한다. 이와 함께 극단적 공격성과 흉포함을 뜻하기도 한다.[92]

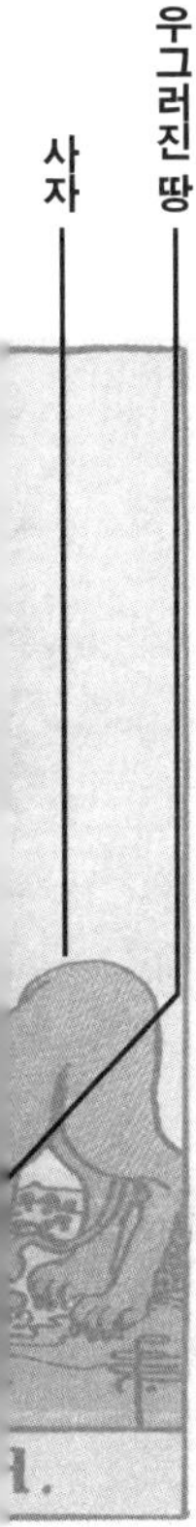

우그러진 땅 사자의 힘이 대지를 우그러뜨릴 정도로 강력하다는 표현이다. 사자의 파괴력과 역량을 보여줌으로써 단순한 대응물(여성-사자)이 아니며, 결코 사자의 역량이 부족해 이 상황에 놓여 있는 것이 아님을 역설하려는 장치다.

흔히 '힘'이라고 번역하는 영어 단어 'Strength'의 어원은 중세 영어 단어인 'strengthu'로 'strong'과 뜻을 공유하며, '잘 견디다'라는 의미를 단어 안에 포함한다. 또한, 의미상 이 단어는 '잠재된 힘 또는 능력'으로, 돌출되는 감정과 태도를 내재하는 포용력과 조절, 견디는 힘을 뜻한다.

'인내'라는 가장 큰 키워드는 단어의 의미에 크게 빚지고 있다. 'Strength'의 의미는 카드에서 도덕적·신체적·정신적인 힘으로 대상을 변화시키거나 자신의 힘을 유동적으로 움직이는 모습으로 표현돼 있다. 여기서 힘은 내면의 힘을 뜻하며, 외부적 결단과 다르게 마음 안에 있는 힘을 표현한다. 따라서 이 카드에서는 용기나 인내가 키워드에서 비중이 크다.

이 카드의 이름은 클래식 덱에서 'FORCE'였으며, 본래 '강제할 수 있는 물리적 힘'이라는 의미로 쓰였다. 그와 달리 'Strength'에는 '견디다'라는 뜻이 포함돼 있다. 또한 '내면적/정신적 힘'이라는 뜻까지 포괄하는 단어다.

라이더-웨이트 덱에서는 기존의 이름 'FORCE'를 'STRENGTH'로 변경함으로써, 카드 본래의 키워드에도 큰 수정이 이뤄졌다. 가장 큰 변화는 '물리적 힘'에 한정됐던 의미들이 '정신적 힘'까지 확장됐다는 점이다. 그다음으로는, '강제할 수 있는 물리적 힘'에서 '견뎌내며 다뤄야 하는 힘'으로 바뀌었다는 점이다. 키워드의 뿌리(어원)가 달라졌기 때문에, 키워드가 클래식 덱과 가장 크게 달라진 메이저 카드이기도 하다.

이 카드는 본인의 순수한 열정과 동물적 욕망 사이의 충돌을 보여주며, 열정(또는 이상)이 욕망을 누르는 순간을 상징적으로 표현한다. 여기서 사자로 상징되는 '동물적 욕망'은 대지를 우그러뜨릴 정도의 물리력을 행사하면서 움직이지만, 여인은 철저히 정신적인 힘으로 제압하고 있다(헤일로, 화관, 흰옷). 이는 자신이 간직한 본능/본성을 열지 않다가, 자신이 숭고하게 지키려는 가치(화관, 흰옷)가 부서지려 할 때 스스로 초인적인 기질을 발휘해 사수하려는 맥락과 비슷하다. 이 능력은 일반적인 시야로 바라볼 때 '초인적인' 인상을 받을 수 있지만, 가시적으로 보거나 느낄 수 있는 힘이기도 하다. 카드에서 지칭하는 '힘'의 기저에 깃든 정체는 물리적 힘보다 정신적 힘에 훨씬 가깝다.

여기서 중요한 상징은 여인이 아래를 굽어보면서 사자의 존재를 '인지하고 있다'라는 점이다. 사자가 난폭하다는 것을 알고도 제압하려 한다는 점에서 '용기'라는 키워드가 카드의 중심에 드러난다. 이 용기는 '파괴력과 공포와 두려움을 알면서도 실천하는 용기'이며, 신념 또는 이상을 바탕으로 한다. 여인을 둘러싼 상징들로는 최대한의 자연미와 본연의 내면적 힘을 표현하고자 흰옷과 화관을 배치했다. 그만큼 물리적·물질적이지 않은 가치임을 암시한다. '견디고 지켜야 할 가치'가 있고 이를 지키고 견디려는 모든 종류의 긍정적인 행동과 태도, 명분 들이 구현시킨 힘들은 카드의 키워드를 둘러싼 보조 키워드로 이해할 수 있다.

이와 달리, 카드의 부정적 의미는 용기에 의한 견딤을 뒤집는 쪽으로 생겨난다. 흔히 '객기'라고 부르는 행동이 카드의 부정적 요소와 밀접하게 관여돼 있다. 객기 또는 만용에서 자주 등장하는 관용구, '설마 ○○ 하겠어?'라는 감정이 부정적 키워드의 중심에 있다. 이 카드의 상황 자체는 약간이라도 방심하면 힘의 전세가 뒤집힐 상황이며, 그 사실을 망각한다면 카드의 키워드는 곧장 부정적 의미로 바뀐다. 카드에서 요구하는 '진정한' 용기가 없는 대부분의 상황, 만용과 방심으로 가득 찬 모습이 카드의 부정적 키워드에 전적으로 배치된다.

또한, 이 카드부터 중세에 많이 표현됐던 사추덕Cardinal virtues(용기, 지혜, 정의, 절제)을 언급하기 시작하며, 그 가운데 용기(용맹)를 묘사한다. 용기가 단순히 힘을 과시하거나 무언가를 바꿈으로써 보여지는 것이 아님을 역설한다.

연금술: 소화 용해에 성공한 것을 현자의 돌로 변성할 질료에 투사해 녹여내는 과정을 의미한다. 이 점에서 라이더-웨이트 덱은 기존의 타로 덱과 차이를 보이는데(FORCE/STRENGTH), 'FORCE'가 어느 정도 강제적 투여에 입각해 사자를 강제로 때려잡는 묘사로 표현했다면, 라이더-웨이트 덱에서는 자발적이고 부드럽게 진행된다고 주장했다. 곧, 이 단계는 강제적 물리력으로 이루어지는 과정이 아니며, 투사할 재료와 질료를 같이 놓고 정상적인 방법으로 용해하면 소화 과정은 자연스럽게 이루어진다고 해석한 것이다.

카발라: 자비(헤세드) → 심판/힘(게부라) '영적인 활동의 지성'
클래식 덱에서 19번째 통로에 정의가 비정돼 있는 것을 수정해, 구조적 완벽성을 기하고자 이루어진 변경이다. 자신의 영성을 움직여 진리에 이르도록 활동해야 함을 강조하므로, 힘 카드에서는 사자(본능/야성)를 여성(지혜/내면의 힘)이 다스리는 과정으로 묘사했다. 또 헤세드의 자비가 게부라의 심판/힘을 조율(여성〉사자)해나가야 함을 의미하고자 카드 이름부터 그림의 상징에 이르기까지 많은 부분이 바뀌었음을 알 수 있다.

♌ **점성술: 사자자리** 자기완성, 자기 성취를 향한 과정을 겪어야 함을 강조하고자 배치됐다. 자신을 온전히 통제하게 되면서, 타인에게 영향을 미칠 수 있음을 표현한다. 라이더-웨이트 덱은 이 점에서 기존의 묘사를 거부하고 전혀 다르게 이를 드러낸다. 기존 마르세유 덱에서는 헤라클레스의 사자 사냥을 그대로 표현했다. 그러나 웨이트는 의도적으로 이를 부드러운 여성적 이미지로 교체하며 힘의 본질이 어디서 오는지에 대한 관점을 달리했고, 이를 표현하고자 카드 이름까지 바꾸었다. 사자자리 특유의 외향적 성향을 보여준다고 여겼던 과거의 경향과 정반대로 본 것이다. 결국, 자신의 의지를 관철하는 데 필요한 것이 무엇인지를 바라보는 견해차라고 이해할 수 있다.

반면, 자신의 본성을 갈무리하지 못한다면 이는 곧 용기가 아닌 만용으로 이어진다.

이런 성격이 어디에서 기원하는지 파악하려면 이 별자리를 지배하는 행성을 확인해야 한다. 이는 곧 태양이며, 태양 카드에 대응한다. 태양은 점성술에서 자아 자체를 뜻하며, 각 사물과 개인이 지닌 신성의 표출을 뜻한다. 이는 곧 자신을 찾고 이를 확고히 하는 것이 곧 힘 카드의 영향력을 극대화하는 방법임을 보여주며, 반대로 내실 없는 모습에서 자신을 찾지 못하고 화려한 외양만 좇는 모습을 묘사하기도 한다.

태양 카드는 이런 힘 카드-태양의 의미가 어떻게 표출되는지 보여준다. 자신을 완성(결과물)해 비로소 자신을 내세울 수 있다는 점을 강조하며, 반대로 자만에 빠지거나 자기기만을 거듭할수록 스스로 일궈낸 결과물이 퇴색하고 거짓으로 일관하면서 스스로 품격을 떨어뜨리는 것을 경고한다. 이는 결국 무한한 정신(여성)이 욕망(사자)을 통제할 수 있는가에 달려 있음을 그림으로 보여준다.

힘Fortitude과 힘Strength

힘Fortitudo은 사추덕의 하나인 용기의 어원으로 불굴의 정신, 관용, 강한 인내력을 의미한다. 이는 곧 전사의 용맹과 연결해 표현해왔다. 그러나 단순히 무력의 비교로 권하는 것이 아니었고, 정신의 성숙함과 힘을 드러낼 때 기준과 상황을 스스로 엄격히 통제하는 능력에 초점을 맞춘 개념이다.

IX. THE HERMIT.

은둔자

고난 속의 달성

Achievement in Adversity

은둔자는 '숨어 있는 사람'이 아니라 '홀로 헤매는 사람'이라는 뜻이다. 그리고 그가 헤매는 이유는 어떤 '뜻'을 찾고자 하기 때문이다. 이 카드는 은둔자의 어원으로 볼 때 명백하게 종교적 기반이 있다. 시중에 알려진 그대로의 뜻으로는 상징 해석이 불가능하며, 따라서 이 책에서는 은둔자의 어원과 그림 속 상징 도상의 의미만 추적해 카드의 키워드 체계를 유추하고자 한다.

카드의 모든 키워드는 특수한 종교적 시기, 곧 파스카 성삼일의 마지막 밤인 부활성야Easter Vigil 가운데서 벌어지는 사건을 황금새벽회 특유의 신비주의로 표현했다. 또한, 부활성야의 특징 때문에 카드의 모든 키워드가 숨겨져 있다. 핵심 키워드인 '고난 속의 달성'이 무엇인지를 파악하려면 카드의 배경에 깔려 있는 부활성야의 특징을 이해해야 하며, 그림의 노인이 부활성야의 의식들을 실행하고 있다는 전제 위에서만 카드의 키워드가 성립한다.

랜턴 부활성야에 쓰이는 파샤 캔들Pasha candle과 의미가 완전히 동일하며[93], 가톨릭 전례에 쓰이는 파스카 십자가(P와 X가 겹쳐진 십자가) 대신에 다비드의 별인 육망성이 그려졌다. 부활성야에서는 파스카 십자가가 그려진 양초를 바탕으로 자신의 믿음과 약속을 공유하는 이들의 마음에 진리와 구원의 빛을 옮겨주어 진리가 세상에 널리 퍼지는 것을 기원한다.[94] 그러나 황금새벽회의 특수한 성격 때문에 여기서는 양초 대신 랜턴의 육망성으로 교체돼 있다.[95] 아마도 신비주의적 지식은 본디 세상에 널리 퍼질 수 없기에 상징을 바꾼 듯하다.[96] 이 부분은 가톨릭Catholic의 '보편성(가톨릭 자체가 '보편적인'이라는 뜻)'이 타로카드의 신비성(아르카나Arcana 자체가 '비밀'이라는 뜻)과 충돌하는 지점에서 뒤바뀐 라이더-웨이트 덱 특유의 은유다. 부활성야의 촛불 점화는 '진리의 전파'라는 키워드가 있지만, 여기서 육망성은 '수행과 수련'의 뜻으로 두 행적의 차이를 보여준다.

육망성Hexagram 이 카드에서 매우 중의적으로 쓰였으나, 파스카 십자가의 의미를 전부 황금새벽회의 신비주의적 성격으로 치환했다는 점은 크게 바뀌지 않는다. 첫째로 신의 뜻이 지상에 강림하고 그 믿음을 지닌 자들에게 부여한 가호의 상징[97], 둘째로 '인간이 추구하는 완전성'이라는 육망성 본래의 마법적 의미[98], 셋째로 카발라적 의미로서 카드가 보여주는 상황을 타개하는데 필요한 수행 방침을 암시하는 것이다.[99] 또한 외경에 따르면 다비드의 별이 들어간 랜턴은 이스라엘왕국의 성벽을 밝히고 있다 하는데, 이는 이스라엘왕국이 영원불멸하리라는 신의 가호를 인증받았다는 약속이다.[100] 이 키워드는 신비주의적 전통으로 치환돼 카드의 키워드 배후에 적용된다.

부활성야(밤) 가톨릭 제의 가운데 하나인 파스카 성삼일의 마지막 날, 예수 부활 대축일의 전야를 가리킨다.[101] 이날 밤은 오랜 관습에 따라 밤을 새운다.[102] 신자들은 손에 램프를 밝혀 들고 주인을 기다리는 사람처럼 깨어 있다가, 돌아오는 주인과 함께 식탁에 앉을 수 있도록 마음을 가다듬는다. 이 모든 예식은 밤에 이루어지며, 일요일(부활절)의 날이 밝기 전에 마쳐야 한다. 부활성야는 총 4부로 나뉘며, 이 카드는 제2부의 전례를 원형적으로

묘사한다. 제2부의 핵심은 고난 시기에 달성한 『구약성경』의 업적들을 묵상하며 『구약성경』에서 내려오는 약속을 받아들이는 것이다. 부활성야의 제2부 내용은 대부분 『구약성경』에서 이스라엘 백성이 겪는 고난 시기에 야훼의 믿음과 약속을 확인하고, 그 믿음의 징표를 받는 사건들로 구성돼 있다. 다시 말해, 부활성야 의식은 고난 시기에 굳건한 믿음의 징표를 되새기며 견뎌내는 것이다. 부활성야에 봉독하는 대표적인 성경 구절 가운데 「탈출기」 12-18장이 이를 보여준다.[103]

후드 달린 옷 이 복장은 황야를 돌아다니며 구도求道하는 종교적 수도자임을 의미한다.[104] 이 수도사는 교회나 도시 또는 수도원에 소속한 수도사가 아니며, 교회가 보편화되기 이전부터 홀로 광야를 헤매며 신의 부름을 찾았던 초기교회 시대의 수도사monk에 더 가깝다. 전통적으로 수도사의 소속이나 지위를 표현하는 지표와 도상은 전혀 보이지 않으나, 지팡이와 손에 든 랜턴으로 은둔자의 소속을 유추할 수 있다.

묵상 이 노인은 부활성야의 전통에 따라 묵상하고 있다. 묵상은 무언가를 기리며 의미를 되새길 때 하는 기도의 한 종류다.[105] 노인은 아래를 바라보는 것이 아니며, 산 아래 사람들에게 안내하려고 고개를 숙인 것도 아니다. 묵상은 부활성야에 이루어지는 의식이며, 그 자체로 성령의 강림과 의지의 발현이 이루어지기를 바라는 장면을 표현한다. 또한, 눈을 감고 있는 것은 연금술적 작업의 일면도 표현한다. 또한 이 전야 의식에 모두 눈뜬 채 절대자를 맞이해야 하나, 눈감은 때에 '그 빛'이 내려왔으므로 노인이 '그 빛'을 확인할 수 없다는 의미도 숨어 있다.

지팡이를 든 노인 이 노인은 계시를 획득한 사람으로, 이 덱이 기독교적 주제에 충실함을 생각한다면 『구약성경』의 첫 선지자인 모세를 모티브로 했음을 알 수 있다.[106] 이 장면은 모세가 광야에서 헤매며 신의 말씀을 받아들이고 믿음을 확신하는 장면을 파스카 성삼일 전통과 혼합해 은유적으로 묘사하며, 금빛 지팡이는 「탈출기」에서 모세가 던져 뱀으로 변하는 기적의 지팡이를 뜻한다.[107] 이는 그다음 카드인 '운명의 수레바퀴'에서 변한 뱀과 지팡이의 색깔이 같은 금빛인 것으로 암시돼 있다. 또한, 지팡이는 전통적으로 집단의 지도자를 뜻한다.[108] 『타로의 그림 열쇠』에 따르면 이 노인은 〈The Ancient of Days〉 도상을 표현한 것이며, 천상이 아닌 지상에서 Ancient of Days를 실행한다고 해석할 수 있다.

산 부활성야에서도 모세가 광야를 헤매는 장면의 무대를 보여준다. 물론 타로카드 구조상 설산으로 해석해도 무방하다. 먼저 소금 산으로 보면, 이 노인은 깨달은 자들이 남겨놓아 쌓인 진리의 언덕 위에 도달했음을 의미한다.[109] 연금술에서 소금은 에테르를 뜻하기도 하며 이는 다음 카드인 '운명의 수레바퀴'에 연금술 상징으로 다시 드러난다. 석회 산으로 보면, 모세가 헤맸던 광야의 배경을 표현했다고도 해석할 수 있다. 설산으로 보면, 인간이 범접하지 못하는 곳에 도달한 사람으로 인물의 비범함이 표현된다.

은둔자 카드의 모든 키워드는 파스카 성삼일에 묵상하는 모세의 탈출 일화와 거의 정확하게 일치하며, 그 근거는 은둔자Hermit라는 카드 이름의 어원에 기반한다. 카드 이름인 'HERMIT'은 라틴어 'EREMITA'에서 기원하며, 이는 '광야에서부터'라는 뜻으로, 이집트를 벗어난 이스라엘 민족이 40여 년 동안 광야를 헤매며 믿음과 안식을 얻은 『구약성경』의 복음에 기반한다(지금까지 국내에서 보편적으로 인지되던 '지혜'의 키워드는 여기서 파생한 것으로, 카드의 핵심에서 빗겨 있다). 'HERMIT'이라는 단어 자체가 '광야에서 받은 고난'과 '그것을 이겨낸 신학적 믿음을 지닌 자'라는 뜻을 내포한다. 『구약성경』 이야기에 등장하는 상황 자체의 '고난'과, 확실한 신학적 부름을 받아 얻은 진리와 믿음의 획득이라는 의미에서 '달성'의 키워드가 성립한다. 따라서 은둔자가 이룬 달성은 '영적(정신적) 달성'이며, 세속적 달성은 아니다.

이 카드는 부활성야라는 가톨릭 특유의 전통 안에서만 키워드의 맥락이 정확하게 성립된다. 부활성야에 묵상하는 성경의 이야기들은 명백하게 현 시기가 수난 기간임을 표현하며, 끝내는 그 고난을 이겨내어 확고한 진리와 믿음을 얻는다. 이 카드의 노인은 기독교의 '은둔자(광야에서 고난 속에 진리를 얻은 자)' 가운데서도 특히 모세를 두드러지게 모방했는데, 이는 금빛 지팡이와 다음 카드인 '운명의 수레바퀴' 카드 속 뱀과 연관된다는 것을 암시했다. 배경 또한 부활성야의 전례에 따라 밤으로 묘사돼 있다.

이 카드에서 특히 유념할 부분은 은둔자가 손에 든 랜턴의 육망성이다. 육망성은 부활성야의 징표인 파스카 십자가가 교체된 것으로, 파스카 십자가 자체가 지닌 상징의 특성을 파악하지 않으면 카드의 전체 맥락을 이해하는 데 어려움이 따른다. 파스카 십자가는 기독교에서 '고난 속에서 믿음을 증명하고 진리를 깨닫게 된 행동을 보인 모든 기적'에 대한 압축적인 징표다. 가장 대표적인 것이 「탈출기」의 내용이며, 은둔자 카드의 어원과 키워드의 교차 때문에 이 노인을 모세와 비슷한 인물로 묘사한 듯하다.*

은둔자 카드의 노인은 '깨달은 자'이지만, 그 '깨달음'과 '지혜'의 성질은 특수하다. 본디 부활성야에서 거행되는 파스카 십자가의 양초 점화 의식에서 촛불의 '빛'은 '진리의 빛'을 의미하며, 이 진리의 깨달음은 스스로의 노력이나 연구와 무관하다. 은둔자는 고난 속의 견딤과 믿음을 통해 신적인 기적 체험을 하게 된다. 부활성야에서 촛불을 받은 신도는 모두 '깨달은 자'이지만, 그 '깨달음과 지혜'는 노력과 연구를 거치지 않았다.** 여기서 은둔자 카드의 랜턴이 파스카 십자가에서 육망성으로 교체된 이유가 드러난다.***

기독교 교리의 궁극적 목적에 따라 '믿음'을 통해 증명되고, 고난 속에 깨닫게 된 진리와 지혜와 이를 전파하는(촛불의 초를 옮겨 붙이는 행동은 깨달은 진리의 전파를 상징화한 의식이다) 행위를 하는 은둔자가 아니라, 마법적 수행의 방법과 결론을 믿고 그것을 따르는 자들에게 주어지는 믿음인 것이다. 따라서 이 카드의 지혜와 깨달음은 수행이라는 특수한 양식의 지침을 내포한다. 이 상징은 은둔자가 얻은 초월적 진리가 육망성으로 변형돼 가톨릭 전통이 아닌 마법적 전통 안에서 발현됨을 간접적으로 보여준다.

통상적으로 이 카드는 메이저 카드에 산재한 사추덕에서 지혜Prudence를 의미하는 것으로 알려져 있지만, 『타로의 그림열쇠』에서 웨이트는 명확한 언급을 피했다. 사추덕의 '지혜'로 이 카드를 배정하

* 『타로의 그림열쇠』에 따르면 전통적으로 이 카드의 수도사는 카푸친회 또는 프란치스코회 수도사로 묘사했던 전통이 있다는 가설을 설명하지만, 웨이트 본인은 그 가설을 지지하지 않았던 것으로 보인다. 라이더-웨이트 덱에서는 도상학적으로 자주 쓰이던 수도사의 도상들(허리띠, 노끈, 술 등)이 은둔자 카드에서 하나도 없으며, 처음부터 라이더-웨이트 덱은 카드에 특정 교파나 인물을 배제하려는 시도 위에서 제작했다. 또한 '모세오경'은 유대교, 가톨릭교, 개신교, 그노시스파가 모두 인정하는 정전正典이다.

** 이는 복음이 지닌 종교적 특성이다.

*** 육망성이 지닌 특징은 황금새벽회의 오컬트 교리와 닿아 있으며, 가톨릭 교리를 대체한다.

면, 그 지혜는 신의 섭리를 알고 그에 대처하거나 따른다는 의미로서의 지혜이며, 카드의 의미를 결부한다면 고난을 견디며 천명이 오기를 기다리는 것으로 이해할 수 있다. 카드 자체의 환경은 그를 돋보이게 만들지 않지만, 그는 뒷날 다가올 태양빛으로 새로운 승천을 이룩할 것이다. 그는 이 상황에서는 주목받지 못하고 열악한 상황에 놓여 있지만, 마지막에는 평가가 뒤집힐 것임을 믿어 의심치 않는다.

연금술: 증류 계속해서 밤새도록 가열되는 것을 지켜보는 과정임을 그림을 통해 묘사하고 있는데, 이 또한 기존 덱과 다른 묘사로써 저자의 관점이 기존 덱과 맥락이 다름을 확인할 수 있다. 기존 덱에서는 이 과정을 실제 지켜보며 기다려야 함을 묘사하나, 이 덱은 실제로 지켜보는 것보다 과정 도중 변질되지 않으리라 확신하고 임해야 함을 묵상을 통해 강조한다.* 좀 더 기독교적 관점에 가까운 덱의 성향에서 기원한 듯하다.

카발라: 자비(헤세드) → 미(티페레트) '의지의 지성'

이 통로는 각 개인이 케텔에서 발출되는 영광과 신성을 받아들일 수 있도록 준비하는 과정이며, 카드의 도상 또한 이를 뒷받침하고자 의지를 얻기 위해 묵상하는 것으로 변경됐다. 이는 이 통로에서 이루어지는 단계를 뛰어넘기 위해 필수불가결한 부분이 의지의 재확인에 있음을 뜻한다. 기존 마르세유 덱의 표현은 이와 달리 은둔자가 이 빛을 정면으로 응시하고 있다. 이를 통해서 '작은 얼굴'이라 일컬어지는 미의 티페레트를 향하게 되며, 신성이 내려온 순간(그림에서는 빛나는 육망성으로 이를 알려주고 있으나, 은둔자는 묵상하고 있기에 이를 모르는 상태다) 다음 단계로 진행이 이루어짐을 뜻한다.

* 연금술적으로 육망성은 현자의 돌을 의미한다.

♍ **점성술: 처녀자리** 이는 별자리가 의미하는 세밀하고 철저한 규명을 의미하며, 이성적인 사고를 통해 이 난관을 이겨나가야 함을 강조한다. 어려움이 닥쳤을 때, 냉철한 판단과 분석을 통해 최선의 답을 도출해 해결할 수 있음을 표현한 것이다. 다만 덱의 주제(기독교주의)에서 최선의 이성은 신에게 귀속되므로 신지神知를 추구하는 은둔자의 모습으로 묘사했다. 반면 이런 요소가 충족되지 못하면 교조적인 모습에 치우쳐, 이상에 지나지 않는 것을 강제로 현실에 적용하려 들거나 시대착오를 일으키는 모습들로 나타난다. 이는 거짓 선지자들과 원리주의라는 키워드가 이 카드에 포함되는 근거가 된다.

이런 성격이 어디에서 기원하는지 파악하려면 별자리를 지배하는 행성이 무엇인지 확인해야 한다. 이는 곧 수성이며, 마법사 카드에 대응한다. 수성은 호기심을 통해 다양한 정보를 취합하고, 이를 통해 더 확실한 답을 도출함으로써 닥쳐온 고난을 이겨내어 진리에 닿음을 의미한다. 반대로 수성의 호기심이 산만하게 변질되면 본질에 닿지 못하거나 미혹에 시달려 잘못된 판단을 할 수 있음을 경고한다.

마법사 카드는 이런 은둔자 카드-수성의 의미가 어떻게 표출될 수 있는지 보여준다. 더욱 정확하고 철저해지려면 어떤 문제든 그 본질로 향하려는 의지가 있어야 은둔자 카드의 기능이 올바로 발휘될 수 있다. 의지가 약해지면 판단력을 잃거나 자신의 상태를 잘못 판단하는 결과를 빚어, 그만큼 방황하는 시간이 길어질 수 있음을 경고한다. 이런 내용을 과거의 은둔자와는 달리 눈을 감아 묵상하는 모습을 비춤으로써 긍정적/부정적인 양면을 동시에 표현했다.

파스카 성삼일

부활성야는 예수 부활을 기념하는 가톨릭 전례다. 성금요일부터 부활축일인 일요일까지 삼일의 기간을 묶어 특별히 '파스카 성삼일'이라고 부른다. 부활성야는 성토요일에 부활의 신비를 경축하는 의식이다. 부활성야는 반드시 밤에 거행하며, 성경에 기록된 파스카 신비를 기념하고 묵상하는 전례로 구성돼 있다. 파스카 성삼일은 기독교 전례에서 다루는 '파스카 신비'를 집중적으로 봉독하는데, 이는 「탈출기」에 기록된 '고난의 시기, 특히 밤에 일어난 기적'을 다룬다. '어둠 속의 빛'이 파스카 성삼일의 가장 중요한 콘셉트다.

부활성야는 총 4부로 구성돼 있으며, 1부 빛의 예식, 2부 말씀 전례, 3부 세례성사 예식, 4부 성찬전례 순서로 진행한다. 은둔자 카드와 관련한 부분은 1부와 2부이며, 밤에 일어나는 파스카 기적을 묵상하는 내용이다.

1. 빛의 예식

빛의 예식에 따라 모든 교회는 불을 끈다. 그리고 사제는 파스카 신비를 상징하는 새 불을 축성해 양초나 랜턴에 불을 붙인다. 파스카 양초를 높이 들고, '그리스도 우리의 빛'을 노래한다.

2. 말씀 전례

파스카 신비가 드러난 일곱 개의 『구약성경』과 두 개의 『신약성경』을 낭독한다. 여기서 반드시 『구약성경』의 세 개 독서는 읽어야 하는데, 「탈출기」 14장은 결코 생략할 수 없다. 「탈출기」 14장은 모세를 따라 이스라엘 민족이 바다를 건너는 내용으로, 14장의 시간적 배경도 밤이다.

은둔자 카드가 '빛'이 핵심 상징으로 구성된 파스카 신비를 바탕으로 구성돼 있다면, 카드에 그려진 인물은 모세 또는 'Ancient of the days'를 모티브로 삼았음을 유추할 수 있다.

웨이트는 이 은둔자 카드에 그려진 랜턴을 '세상의 빛과 Ancient of the days의 혼합'이라고 표현했는데, Ancient of the days는 「다니엘서」에 기록된 절대자의 또 다른 이름으로, 창조의 비밀이 드러나는 순간을 묘사할 때 인용하는 도상이다. 이는 랜턴 안의 육망성 빛과 호응해 복잡한 신비주의 상징을 응축한다.

X. WHEEL *of* FORTUNE.

운명의 수레바퀴

변화

Rotation

이 카드에서 언급하는 변화는 단순히 취향이나 생각의 변화가 아니라 훨씬 더 큰 개념의 변화를 논한다. 개인이 쉽게 변화시킬 수 있는 것이 아니라 자연과 세계, 자신의 삶과 문화에 연결돼 있는 훨씬 거대한 요인에 의한 변화를 뜻한다. 다시 말해 예술 사조, 유행의 전복, 종교개혁 등 거대한 흐름의 전환을 뜻한다. 이 변화의 키워드를 가장 적나라하게 보여주는 고사성어가 바로 화무십일홍花無十日紅이다. 열흘 붉은 꽃이 없듯 변화는 멈춰 있는 듯해도 우리가 모르는 새 이루어지며, 그 변화의 대상은 세상 모두가 직감하리라는 것을 의미하는 카드다. 그렇기에 이 카드는 긍정과 부정을 늘 같이 내포한다. 상황이 어려울 때는 반등하리라는 의미로, 상황이 좋을 때는 앞으로 점차 어려워지리라는 것을 알려준다.

구름 신성이 드러나는 순간을 뜻하나[110], 여기서는 테트라모프가 구름에서 드러나는 것으로 묘사해, 이 드러남이 환시Vision(종교적 계시를 눈으로 보여주는 상황)임을 암시한다. 또한 이 공간은 사람이 접근할 수 없는 영역에 감추어져 있음을 표현한다.

스핑크스 프리메이슨의 상징으로, 영광과 승리, 그리고 이를 완수하거나 유지하는 과정의 수많은 시험과 난관을 뜻한다. 이 상징은 프랑스 오컬트주의자들이 제시했던 스핑크스 상징을 취했으나, 의미는 전혀 다르게 내포돼 있다. 이 스핑크스는 자신에 차 있지만, 곧 추락할 것을 암시한다. 본디 프리메이슨 상징에서 스핑크스는 검을 양손에 쥔 것이 정상이다. 그러나 이 카드에서는 검을 하나만 든 스핑크스를 통해 역량 부족과 판단력 결여와 자만을 의미하도록 변조됐다. 이는 스핑크스의 본래 의미인 신비와 모순을 뜻하기도 하며, 나아가 이 위치를 유지하려면 동물적 본능을 이겨내어 인간의 정신을 지켜나가야 함을 보여줌으로써 정점에 올라선 자에게 시험이 도래함을 중의적으로 표현한다.

테트라모프 여기서 테트라모프는 매우 중의적인 의미로 쓰였다. 이 테트라모프는 전형적인 기독교 4대 성인의 모습이지만, 여기서는 먼저 「에제키엘서」의 전통에 따른 '테트라모프'의 의미를 취한다. 이는 '이곳은 인간이 들어설 수 없는 곳이며, 인간이 이 수레바퀴를 돌릴 수 없을뿐더러 이 앞을 향해 나아갈 수도 없음'을 상징하는 표지다.[111] 이를 통해 운명을 엿보는 우리에게 조언 이상으로 관여하지 말라는 것을 알리는 의미로 배치했다. 성경에서 에제키엘은 환시 속에 지혜의 두루마리를 받아먹지만, 벙어리가 된다. 또한 이 네 동물은 점성술의 네 별자리이면서, 4원소를 뜻하기도 한다.

수레바퀴 전통적인 상징 'ROTA FORTUNAE'이면서, 「에제키엘서」의 환시 속에서 바라본 '바퀴'를 형상화한 중의적 상징이다.[112] 「에제키엘서」에 따르면 이 '바퀴'는 이중으로 돼 있으며, 메르카바 전차의 바퀴를 암시하기도 한다.[113]

TORA 여기서의 토라TORA는 율법서인 모세오경을 뜻하며, 이 상징은 변화의 원리가 특정 규칙에 따라 움직이며 모든 작용은 감추어져 있음을 뜻한다. 이 카드에서는 모든 일이 절대자의 의지로써 구축돼 돌아감을 암시한다. 또한, 절대자의 의지가 개입한다는 뜻으로 배치됐다. 또한 이 글자를 다른 방식으로 읽으면 타로TARO와 로타ROTA가 되는데, 로타ROTA는 바퀴를 뜻한다.

금색 뱀 이집트신화에 등장하는 티폰의 형상이지만, 웨이트는 엘리파스 레비가 제기한 티폰 형상이라는 주장을 지지하지 않았다.[114] 은둔자 카드의 모세와 연관된 지팡이로 해석할 수 있으며, 그럴 경우 거의 같은 맥락의 의미로 상징화된 메시아를 뜻한다. 이 경우 신적인 힘이 부활을 위해 상징적 죽음 속으로 진입함을 뜻한다. 그는 지금 '죽음'을 맞이하지만, 신성을 드러낸 이가 무의식적인 내면(영혼의 밤)으로 진입해 영적인 죽음 뒤의 부활로 진행됨을 암시한다(이 카드에서 뱀이 향하는 아랫부분은 연금술적으로 에테르에 해당한다). 뱀은 은둔자의 지팡이가 변한 것을 뜻하며, 궁지에 몰린 자들에게 이를 벗어나려 할 때 필요한 것이 무엇인지를 시사한다. 수레바퀴를 돌리는 세 인물, 아누비스와 뱀과 스핑크스는 기본적인 오컬트 전통(이집트 기원설)을 따라서 상징을 차용했으나, 의미들은 전혀 다른 방식으로 첨가됐다.

아누비스 이집트신화에서 사자를 인도하는 아누비스를 뜻하며, 이 바퀴를 돌리는 인물 가운데 하나다. 전통적으로 아누비스는 운의 하강을 뜻하고 죽음을 상징한다. 여기서는 삶의 표면 위로 올라오려 한다. 이는 두려운 존재라거나 거부해야 할 존재가 아니라, 자연스러운 순환의 섭리 과정 가운데 하나로 표현돼 있다.

수은, 소금, 유황, 에테르 연금술의 3대 원소와 제5원소를 의미하는 이 상징이 더해져 이곳이 신의 의지가 실체화되는 곳임과 함께 (토라와 연결돼) 수레바퀴가 완벽한 신의 섭리로 구동됨을 나타낸다. 또한 연금술적 수행법으로 이 상황을 대처할 수 있음을 암시적으로 드러낸다.

이 카드의 명칭인 '운명'은 로마 시대 행운의 여신 포르투나FORTUNA에서 유래했다. 이 여신의 지표는 말 그대로 '운을 결정하는 수레바퀴'인데, 포르투나는 바퀴를 돌리는 일을 맡았다. 그리고 운의 결과는 철저히 '무작위'였다. 더 중요한 것은, 포르투나가 맡은 운의 결정은 신도 거부할 수 없다는 점이다. 고대에서 중세로 넘어가면서 이러한 포르투나의 특징은 불변에 가까운 진리인 '자연의 섭리'를 표현하는 철학적 징표로 굳어진다. 이 카드에서 정의하는 '운명'이란 자신에게 천성으로 주어진 것(Destiny)이나 사명으로 지켜야 하는 것(Fate)이 아니며 거대한 흐름 속에서 진행되는 것, 거부할 수 없는 상황 속에서 '변화'가 끼치는 삶의 영향을 표현한 것에 더 근접해 있다. 원천적으로 이 카드는 어휘부터 섭리에 따른 변화를 보여주는 대표적 상징으로 내재돼 있다.

이 카드 속의 상징은 '인간이 범접할 수 없는 곳,' 또는 '인간이 다루거나 어찌할 수 없는 상황'임을 묘사하는 이미지들로 카드 대부분을 할애했다. 그림의 장소는 사람이 범접할 수 없는 곳임을 쉽게 알 수 있다. 이는 인간이 특수한 장면으로 목격하는 광경이지만, 신의 섭리에 따라 정해진 운명이라는 것을 누구도 관여하지 못하며, 그 변화는 오직 위대한 그 섭리(신)만이 가능하다는 관점을 보여준다. 이 '변화'가 가진 키워드의 환경은 「에제키엘서」의 '환시' 부분에 기반하며, 의미는 상통한다.

이를 통해 이 변화는 거부할 방법도 없고 거부할 수도 없으며, 운명에 순응하고 준비해야 할 '자세'와 '방법'(이 카드에서는 연금술적 방법, 수레바퀴를 둘러싼 세 개의 상징 동물)들을 가지고 각 상황에 대처해야 함을 표현한다.

여기서 논하는 각 상황은 다음과 같다.

1. 정점에 있을 때 닥치는 순간
2. 자신의 운이 기울기 시작하는 순간
3. 서서히 정상을 향해 박차를 가하는 순간

1에서, 자신에게 행운이 따른다고 여기거나 일이 순탄하게 풀리는 순간 자신의 멸망과 직간접적으로 관련한 징조가 일어나고, 이를 이해해 대비하거나 각오를 굳혀 변화하는 흐름에 적응하지 않는다면 자신을 둘러싼 행운이 소멸하리라는 것을 드러내고자 스핑크스를 넣었다. 이는 곧 황금기를 맞이한 국가들이 되려 그 황금기를 불러온 조치나 해당 시기에 조치된 일로 국가의 쇠락을 초래한 경우를 들 수 있다.*

2에서, 쇠락한 운을 탓하며 자신을 일신하지 않는 자들에겐 더욱 가혹한 현실만이 기다리고 있을 것임을 뜻한다. 이는 반대로 자신에게 내려진 시련 속에서 궁리窮理를 멈추지 않는 자가 더 많은 것을 받으리라는 것을 모세의 지팡이-뱀을 통해 드러낸다.**

3에서, 지옥 같은 상황에도 모든 길에 빛이 있으며, 그 길을 굳게 믿고 나아가는 자에게 운명처럼 거대한 파도가 함께하며 죽은 자가 살아나는 것 같은 수준의 행운을 통해 성공 가도가 열릴 것임을 아누비스를 통해 드러낸다.

이러한 삶의 변화 국면은 저마다 다르고 고정적이지 않으며, 각 변화에 대비하는 자세가 중요함을 의미하는 카드이기도 하다. "우리는 이 거대한 흐름이 움직이는 것을 직접 조율할 수 없고 바라보고 말할 수밖에 없다"라는 점을 그림으로 표현해준다. 이 수레바퀴를 움직이는 데 필요한 것 또한 카드에 드러나 있다. 여기서 말하는 운은 '변화'를 동반한 운이며, 그것이 길운이 될지 흉액이 될지는 상황에 따라 달라진다.

* 로마제국은 오현제 시절 최전성기를 맞이하나, 이때 이루어진 다키아 전쟁 이후 영토 확장이 불가능해지며 경제를 지탱하던 노예 수급이 불가능해졌고, 이로 말미암은 세수 불안정으로 몰락하기 시작했다.

** 대항해시대 이전 포르투갈은 무역의 중심지인 지중해나 북해나 발트해 그 어디와도 맞닿지 않았으며, 농지도 척박한 유럽의 변방에 지나지 않았다. 이를 타개하려 상인의 발언권을 존중하며, 새 항로를 개척하기 시작했다.

연금술: 대표 3대 원소(소금, 수은, 유황)에서 의미가 드러나며, 봉인을 통해 이 수레바퀴를 움직이는 자가 인간이 아님을 명백히 천명한다. 남은 하나의 원소는 물병자리의 기호 또는 물로 착각하기 쉽지만 제5원소인 에테르를 의미하고,* 평범한 사람이 수레바퀴를 돌릴 수 없음을 강조하며 비의적인 장치로 가동된다. 나아가 에제키엘의 환시에 나타난 묘사를 통해 수레바퀴의 주인이 신성한 그분임을 명백히 밝히는 장치로 쓰인다. 카드에 배치된 목성은 연금술에서 주석Tin을 의미한다. 이 금속은 세상 모든 물질을 연금약액Elixir으로 변환시키는 촉매로 믿어졌으며, 그 과정에서 세상 만물을 신성하게 만들 수 있는 비밀(신이 행사하는 신비스러운 창조 과정의 진리를 말한다)이 숨겨져 있다고 여겼다. 카드의 그림에서도 드러나듯, 신이 아닌 존재가 이를 함부로 엿보거나 실행할 수 없다.

카발라: 자비(헤세드) → 승리(네자흐) '명상의 지성'

천상에서부터 축복을 받아들이고, 이를 아래로 나누어줌으로써 '존재하는 모든 것'에게 영향을 끼친다. 그림을 통해 신의 자비(헤세드)로 이루어지는 승리(네자흐)를 보증하는 모습과, 천상에서 운명이 주재됨을 묘사했다. 또한 카발라 요소를 강화해 표현했는데, 이에 따라 클래식 덱의 표현과 거리를 두는 데도 성공한다. 라이더-웨이트 덱에서는 테트라모프, 연금술 도상, 테트라그라마톤 등 위대한 것의 완성과 숨겨진 비밀을 강조하는 묘사를 대거 추가했다.

* 절제 카드에 묘사된 흐르는 물, 별 카드에서 여성이 내려주는 물 또한 에테르를 의미한다. 또한 타로카드에서 메이저 카드가 다른 4원소에 기반한 마이너 카드 위에 자리함을 통해 증명된다.

♃ **점성술: 목성** 이 행성은 성장과 확산을 주관하며, 팽창과 관련한 의미가 있다. 이로써 '세상 만물에 편재하는 신성'이라는 카드의 내용을 드러내고, 거대한 흥망성쇠의 굴레를 주관하는 신적 존재의 의미를 암시했다(목성의 이름 Jupiter는 최고신 제우스와 의미가 같다). 이를 통해 카드에 속한 운명, 행운, 불운 등의 키워드를 표현해내고 있다.

이 의미가 드러나는 방법을 확인하려면 이 행성이 지배하는 별자리인 사수자리/물고기자리의 의미와 이 천체의 기능이 활성화되는 별자리인 게자리를 동시에 살펴야 한다. 이는 운명의 수레바퀴 카드가 가진 중요한 의미인 '열흘 붉은 꽃이 없다花無十日紅'는 운명의 아이러니, 그리고 운명의 수레바퀴를 돌리는 방법을 표현해내기 위함이다.

사수자리는 그 어떤 상황에서도 자신의 비전을 잃지 않고 나아감으로써 세상의 흐름을 바꿀 수 있음을 표현한다.

물고기자리는 운명의 아이러니를 극대화하는 요소로, 모든 흐름이 모호하게 감추어져 있으며 몇몇 징조로 희미하게 드러남을 강조한다. 나아가 거대한 운명의 흐름은 은연중에 모두가 인지함을 암시한다. 정확히 규명할 수 없다는 점에서 물고기자리의 모호함과 그 의미가 합치됨을 알 수 있다.

두 별자리는 각각 절제 카드와 달 카드에 배치되며, 행운을 누리고 불운을 경계하려면 어떤 자세가 필요한지를 보여준다. 어떤 상황에서도 대응할 수 있도록 최적화(절제 카드)하고, 모호한 것을 최대한 없애고 경원시하는 것(달 카드)을 강조함을 드러낸다. 그리고 운명적 끌림에 의해(물고기자리/달 카드) 최선의 행동(절제 카드/사수자리)으로써 시운을 읽어내 성공에 다다를 수 있음을 강조한다.

이런 내용이 극대화하는 것은 목성의 기능이 최고로 활성화되는 게자리를 통해 알 수 있다. 자신의 완성을 통해 나아갈 순간을 대비하며(게자리), 결정적 순간이 찾아올 때 이를 움켜쥐어야 함(전차 카드)을 의미하기 때문이다.

운명의 수레바퀴ROTA FORTUNAE

ROTA FORTUNAE를 영어로 번역하면 Wheel of Fortune이 된다. 뜻은 똑같이 '운의 바퀴'다. ROTA FORTUNAE는 중세 유럽에 널리 퍼졌던 전형적인 도상으로서, 본래는 숙명적으로 변화하는 변덕스러운 자연의 섭리를 뜻했다. 이것이 중세를 지나면서, 세월이 흐름에 따라 지위나 상황이 점차 변화하는 과정을 담기 위한 도상으로 확장됐다. 중세의 대표적인 텍스트인 카르미나 부라나Carmina Burana에 담긴 ROTA FORTUNAE는 매우 유명하며, 타로카드의 기본 키워드와도 완벽하게 일치한다.

부라나 코덱스Burana Codex로 불리는 중세 필사본에 그려진 도상이다. 도상에는 REGNO, REGNAVI, SUM SINE REGNO, REGNABO라고 적혀 있는데, 이는 "나는 통치한다, 나는 통치했다, 내 통치는 끝났다, 난 통치할 것이다"라는 뜻으로, 인생의 4개 국면을 통해 ROTA FORTUNAE의 상징을 잘 표현했다. 이 도상은 제프리 초서, 윌리엄 셰익스피어 등 다양한 작가들이 소재로 즐겨 사용해 유럽의 대표적 도상으로 자리 잡았다.

이 도상에서 엘리파스 레비는 프랑스 카발라주의자들의 주장을 받아들이고 독자적으로 변형하면서 검을 든 스핑크스를 추가했다. 라이더-웨이트 덱에서는 에제키엘의 환시에 좀 더 무게를 두고, 「에제키엘서」의 묘사와 신비주의가 가진 추상적 상징을 부각시키는 쪽으로 상징을 바꿨다.

XI. JUSTICE.

정의

판단

Decision, Define

이 카드의 이름인 정의는 특별한 뉘앙스를 띤다. 우리가 세상을 살아가면서 진정한 정의란 실상 자신만 수긍하고서 옳다고 믿어버리는 것에 지나지 않음을, 나이를 먹으며 깨닫기 때문이다. 이런 문제들은 국가, 사회 등의 범주를 넘어 하나의 무형적인 개념 자체를 의미한다고 볼 수 있다. 아이러니하게도 이 카드는 정의正義와 정의定義를 동시에 의미하며, 더 나아가 선악의 판단 그 자체를 의미한다. 두 정의에서 전자는 카드의 이름만으로도 추측할 수 있다. 이는 스스로 옳다고 판단한 일을 망설임 없이 행하는 것으로 이해할 수 있다. 반대로 후자의 정의는 조금 다른 의미를 지닌다. 이 키워드는 본인이 인지한 것에 관해 판단한다는 의미로 적용되며, 이는 곧 어떤 상황이나 현실을 어떻게 바라보고 있는지 그대로 투영해준다. 그렇기에 올바르고 긍정적인 의미로는 정당한 판단에 따른 정의나 대의명분으로 의미가 강화되며, 부정적 의미로는 선입견과 편견 등으로 해석된다.

검 급진-행동-능동적인 왼손의 의미에 검의 지성이 결합했다.[115] 이로써 이성적 판단과 논리로 자신의 주관을 바로 세운다는 뜻임을 알 수 있다. 반대로는 감성적·이상적인 논리를 매몰시키고 이성의 칼날만으로 문제의 본질을 잘라내는 역할을 하기도 한다. 이에 대한 대표적 일화로 고르디우스의 매듭을 끊어낸 알렉산드로스대왕의 이야기가 있다.

장막 자주색 또는 보라색 장막은 누구의 개입도 허락하지 않는 형이상학적 공간을 암시한다.[116] 예부터 이 색채는 권위, 권능, 신을 표현해왔다. 그 때문에 서양 중세-르네상스 시기의 대학에서는 법과를 상징하는 색으로 보라색을 배치했고,[117] 이는 지금까지 전통으로 내려온다. 그렇기에 역설적으로 개인, 단체, 사회, 국가, 세계의 변하지 않는 이념으로도 해석할 수 있으며, 자신의 생각과 사고방식에 거대한 기둥처럼 뿌리박은 관점 자체를 의미한다.

성벽관城壁冠 지배자, 권위, 지휘권의 전통적이고 대표적인 상징을 뜻한다.[118] 성벽관은 업적을 이룬 자들에게 수여되는 관으로, 본래 고대 로마군이 외국으로 출정했을 때 적의 성채에 제일 먼저 쳐들어가 군기를 꽂은 용사에게 수여했다. 성벽관을 쓴 자는 성곽 높은 곳에서 도시와 나라를 굽어볼 수 있는 지위를 가진다. 이 카드에서는 장막의 안쪽(이성)을 대변하는 생각 그 자체를 묘사함과 함께 지배력을 암시함으로써 자신이 생각하고 바라보고자 하는 관념이 확고함을 뜻하는 의미로 바뀌었다.

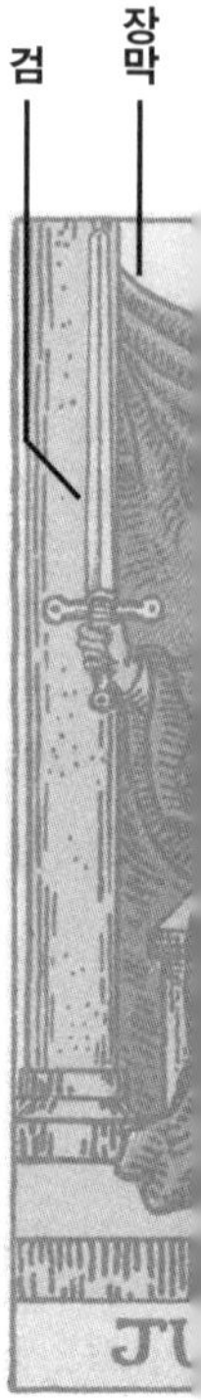

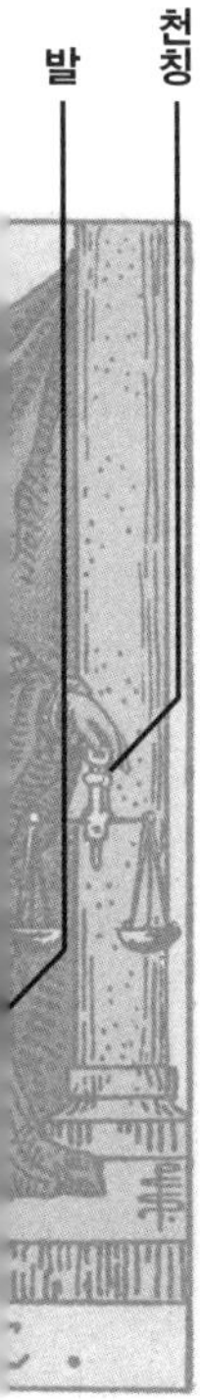

눈 정면을 바라보는 눈은 확고함과 확신에 차 있으며, 더불어 자신에게 한 점 부끄럼 없음을 보여준다. 이를 통해 타인을 바라보고 평가함을 뜻한다. 이 상징은 다른 카드와 달리 정의에서 특히 두드러진다. 이는 정의에 묘사된 인물의 구도가 아무리 부정하고자 한다 해도 정의의 여신상에 그 본바탕이 있음을 부정할 수 없기 때문이다. 또한 전통적으로 정의의 여신상은 눈가리개를 한 것과 달리, 눈을 가리지 않음으로써 의미를 바꾸었음을 강조한다.

발 드러난 발은 자신의 의지를 실행하려는 의지를 나타낸다. 상징들의 연계(머리-눈-검과 천칭)를 통해 결론이 나면, 스스로 행동으로 옮긴다는 뜻을 보여주고자 배치했다.

천칭 이 카드가 추구하고자 하는 공평성, 형평성, 균형을 암시한다.[119] 세밀, 사고, 보수적인 오른손의 이미지와 합쳐져 왼손의 검이 추구하고자 하는 목적을 상징하며, 검과 서로 융합해 서로의 상징을 강화한다. 단, 여기서 균형과 형평성을 추구하는 점은 철저히 이성(검)의 판단과 병행됨을 뜻한다는 사실에 주의해야 한다. 또한, 검과 천칭은 법의 수호신 테미스Themis의 지표이기도 하다.[120]

정의 카드는 판단을 의미한다. 이는 유럽 전통에서 드러나는 사추덕 가운데 정의Justitia의 의미에서 드러난다. 르네상스 인문학자들의 지침서나 다름없었던(그리고 지금도 그 입지가 흔들리지 않는) 키케로의 『의무론』에서는 미덕으로서 정의의 의미를 신의信義로 규정했다. 곧, 대의명분이나 신사협정을 지키는 것을 미덕으로 여기고, 공사 구분을 엄정하게 지키는 것을 합당한 정의Justitia라고 말했다. 이를 통해 이 카드를 해석할 때 겉으로 드러나는 세 가지(형평성, 균형, 정의)가 두드러진다. 그러나 이 셋이 카드의 본질적 의미는 아니다. 이 카드는 전통적인 '정의의 여신'을 그리지 않았는데, 카드가 지닌 판단의 '주관성'을 표현하려 했기 때문이다.

라이더-웨이트 덱에서는 익숙한 정의와 다른 의미를 담고자 '눈뜬' 여신을 그려 넣었다. 눈뜬 여신은 자신의 의지에 따라 판단함을 뜻한다. 양손에 쥔 상징물은 무엇을 위해 어떻게 하리라는 것을 짐작하게 한다. 왼손의 검은 어떻게 행동하리라는 의미를 담았고, 오른손의 천칭은 여신이 추구하려는 정의를 의미한다(왼쪽은 활동/행동을 뜻하며 오른쪽은 사고/이성을 뜻한다).

이런 까닭으로, 카드에 등장한 인물은 충분히 정의롭지 못하거나 공정하지 못할 수 있음을 보여준다. 팔이 안으로 굽는다는 말이 있듯이, 사람의 시각은 편협해지거나 어느 한쪽으로 기울 수밖에 없기 때문이다. 전통적으로 정의의 여신상은 공정한 판결과 치우침 없는 판단을 의미하고자 눈을 가린 모습으로 묘사한다.

그렇기에 긍정적인 의미와 부정적인 의미를 한 키워드로 압축하자면, 해석에서 긍정/부정을 떠나 이 카드의 중심 의미는 결국 선과 악, 유용과 무용, 필요와 불필요 등에 관한 판단에 관련한 것임을 알 수 있다. 그리고 자신의 판단을 믿고 행해야 함을 강조한다.

연금술: 승화 이 과정은 새의 날아오름, 영혼이 육체에서 빠져나갔다가 다시 돌아오는 그림으로 표현됐다. 이는 증기가 용기 속에서 피어올라 농축됐다 증발하는 과정을, 영적 물질이 육체에서 빠져나갔다가 정화된 순수 상태로 육체와 재결합하는 기적적 모습이라 여겼기 때문이다. 또한, 이 과정은 제 꼬리를 물고 있는 우로보로스로 상징되곤 했다. 이는 작업에 임하는 의지와 이를 받쳐주는 능력이 충만해야만 기적이 나타남을 표현한 것이다. 또한, 이 과정을 통해 질료 내부의 불분명한 요소들을 일소하며, 이는 카드의 키워드인 '(나/질료의) 정의(성질)'와 일치한다. 라이더-웨이트 덱에서 클래식 덱의 카드 번호를 바꾸었는데(힘 카드와 서로 바꿈), 연금술 작업 과정의 해석 차이 때문인 듯하다.

카발라: 힘, 심판(게부라) → 미(티페레트) '믿음의 지성'

이곳은 영적인 지성이 저장되고, 저장된 지성들의 그림자가 아래로 흘러내려 갈 때까지 그 지성이 증가하는 통로로 여겨졌다. 이 점에서 클래식 덱의 해석과 라이더-웨이트 덱의 해석이 달라진다(힘 카드 참고). 심판/힘(게부라)을 어떻게 이해하느냐에 따라 해석이 바뀔 수 있는데, 이는 게부라가 생명의 나무에서 정의와 통제를 뜻하며 통제는 곧 힘으로 균형을 이룬다는 뜻으로 쓰였기 때문이라 주장한 것으로 여겨진다. 클래식 덱은 힘 카드를 열한 번째에 배치해 게부라의 통제력을 표현했다고 볼 수 있다.

그와 달리, 라이더-웨이트 덱에서는 아래로 향할 지성들을 '판단'해 이것이 미(티페레트)를 구성할 요소가 된다고 볼 수 있다. 이 견해는 카드에 배정된 천체가 천칭자리-금성이라는 사실로도 뒷받침된다. 다시 말해, 지성은 탄생에 관해 기준이 되는 판단을 부각하고, 균형의 극에 다다라 새로운 조화를 이루는 '작은 얼굴'인 미(티페레트)를 구성한다고 주장한 것이다(힘 카드-정의 카드의 상징이 어떻게 바뀌었는지 확인해보라). 또한, 장막 안쪽의 모습을 그림으로써 영적인 힘을 강화해 '그림자 속에 거하는' 존재 모두에게 접근하는 과정을 표현했다. 이로써 경로를 바꿔 배치한 의도를 적극적으로 드러냈다고 볼 수 있다.

♎ **점성술: 천칭자리** 천체가 의미하는 균형과 조화를 갖춰야 '정의'를 구현할 수 있음을 뜻한다. 자신의 신념을 다른 이들에게도 적용하려면 그에 걸맞는 공평함을 보이거나 그에 따른 이성적 조치가 뒤따라야 한다. 이를 이뤄내면 자신의 정의定義를 다른 이들도 정의正義로 받아들이게 된다. 반대로, 실패하면 다른 이들의 손가락질을 받고 자신의 신념이 아집으로 여겨질 것임을 경고한다.

이런 특성의 기원을 찾아보려면 이 별자리를 지배하는 행성을 확인해야 한다. 이는 곧 금성이며, 여제 카드에 해당한다. 스스로 내세우는 정의의 명분으로 다른 이를 감화해야 하며, 이로써 '아름다운/올바른' 모습을 향해 끊임없이 노력하고 정의를 계승해 발전해야 함을 보여준다. 그리고 이 명분이 추악한 이권 다툼이나 무언가를 은폐하려는 수단에 지나지 않는다면, 정의는 '자신만을 위한 정의'로 전락하고 만다. 그 정의의 공리적 목적이 없어져 특정인에게 특혜를 주거나 차별을 만들어낸다면 정의는 그 구실을 하지 못하고 권위를 잃는다.

여제 카드는 이런 정의 카드-금성의 의미가 어떻게 드러나는지 보여준다. 그 가치에 미덕이 깃들어 있음을 증명해야 정의 카드의 의미가 올바르게 나타나며, 증명하지 못하면 허울 좋은 명분에 지나지 않거나 다른 이에게 강요하는 모습으로 변질됨을 경고한다. 이런 묘사는 정의 카드의 그림에서도 찾을 수 있다. 기존 정의의 여신상에 있던 눈가리개를 없애 공정성/객관성을 의도적으로 삭제했다.

성벽관Mural Crown

도시의 벽이나 망루 이미지를 본떠 만든 관이다. 초기의 성벽관은 도시와 지역을 수호하는 수호신의 상징으로 표현됐다. 지역의 수호신에게 성벽관을 왕관처럼 묘사하는 경우가 많았다. 수호와 방어라는 이미지가 있으므로, 로마 시대로 넘어오며 군대에서 도시를 수호하는 자에게 훈장으로 수여하기도 했다. 중세 이후 각지의 도시나 지역의 지도자나 공동체를 상징하는 문장으로 쓰였으며, 표현한 성벽의 개수나 디자인으로 규모를 표현했다.

일반적으로 성벽관은 특정 지역이나 부대 같은 집단이나 영역을 수호하는 의미로 쓰였지만, 이때는 성벽의 벽돌 이미지를 명확하게 묘사하는 경향이 있다. 정의 카드에서는 법과 정의를 수호하는 유스티티아Justitia의 콘셉트를 우의적으로 표현하려 성벽관을 씌운 것으로 보인다.

정의 카드에 쓰인 장식 세 개는 소규모 공동체를 대표한다는 사실을 드러내며, 그만큼 보편적인 정의보다 제한된 조건에서만 작용할 수 있는 기준에 지나지 않는다는 점을 보여준다.

XII. THE HANGED MAN.

매달린 남자

자기희생과 통과의례

Iniciation

이 카드의 자기희생은 자신이 숭고하게 여기는 목적을 이루고자 밟는 일련의 과정 전체이다. 이는 통과의례라는 키워드와 곧바로 연계된다. 뒤에 이어지는 죽음 카드를 대비하고자 통과의례를 준비하는 과정이다. 그렇기에 이 카드는 쉽게 찾아볼 수 있는 것을 끌어와 의미를 담았다. 사회, 집단, 조직에서 자신이 구성원으로 편입되는 과정 일체를 포괄한다. 긍정적 의미를 본다면, 자기희생은 자신이 몸담은 곳이나 목표하는 이상을 이루고자 스스로 내던지는 것이다. 헌신, 봉사 같은 키워드로 해석하며, 나아가 본인이 속한 세상을 한 단계 높은 수준으로 이끄는 결과를 끌어낸다. 반대로, 잘못된 믿음에 기반한 헌신이나 봉사 때문에 남의 구경거리가 될 수 있으며, 이런 무가치한 희생은 부정적 키워드로 이어져 시대착오, 의존증, 아웃팅Outing(은밀하고 사적인 비밀이 의도치 않게 공개됨) 등으로 해석할 수도 있다. 본래 이 카드의 그림은 범죄자를 매달아둔 방식을 묘사한 것이다.

이파리 남자를 매단 나무가 생명의 나무 가운데 '희생의 나무'로, 잘려 있지만 죽지 않고 살아 있음을 상징한다.[121] 영적인 죽음을 당했지만 육체적 죽음으로 진입하지 않은 카드의 맥락과 상통한다.

T형 십자가 타우Tau 십자가라고도 부르며, 기독교에서 '수난'을 상징한다.[122] 고대부터 동서양 공통의 형벌 도구로 널리 알려졌다. 희생양을 뜻하며, 중세 전반에 죄인을 대중에게 전시하는 용도 및 책형磔刑 또는 장형杖刑 도구로도 쓰였다.[123]

거꾸로 매달린 자 거꾸로 매달린 것은 기독교의 베드로 전통에 따라 '겸허'와 '겸손'을 뜻하며, 복음 전파를 위한 순교의 의미 또한 지닌다.[124] 대의를 위한 희생, 순교를 통한 복음 전파는 동서고금을 막론하고 보편적으로 드러나는 상징이다. 순교자의 발 모양은 연금술적으로 유황(🜍)을 뜻한다.[125]

후광 불교와 기독교에서 성스러운 대상이나 성현, 특히 깨달은 이를 의미하는 상징으로 쓰였다.[126]

표정 영적으로 새로운 단계에 들어섰음을 의미한다. 카를 구스타프 융이 말하는 '영혼의 깊은 밤'과 완전히 같은 맥락으로, 영적 죽음 의식을 뜻한다. 무의식 속에 숨은 자아의 내면을 발견하는 어두운 여행이 시작됨을 암시한다. 『타로의 그림열쇠』에서는 이 카드가 유예 또는 정지 상태의 삶을 보여준다고 서술했으며, 그것이 죽음은 아니라고 분명하게 밝혔다.[127] 영혼의 여정을 위한 준비이며, 육체의 죽음과 상관없음을 보여준다.

매달린 남자Hanged Man는 이탈리아의 피투라 인파만테pittura infamante 전통(죄인을 공개적으로 조롱하기 위한 형벌)에 기반하며, 본래는 세인의 조롱 대상으로 드러남을 뜻한다. 그러나 이 카드는 성 베드로의 순교 일화를 끌어들여, 그 대상이 죄인이 아니며 '성스러운 업적을 달성한 사람'(후광)의 핍박을 형상화한 것으로 의미를 전환한다. 죄인이 형벌을 받으면 조롱이 되지만, 죄인이 아님에도 핍박받아 순교자가 되면 진상이 드러난 뒤 세인의 인식이 뒤집히고 모든 언행이 재평가된다. 이 카드는 아직 후세의 평가가 이뤄지지 않았다는 데 주안점을 두었으며, 희생 자체보다는 희생 및 헌신의 이유와 최종 목표에 의미의 핵심을 두었다.

이 카드는 순교의 종교적 의미를 내면적 의미로 바꿨다.* 이를 나타내고자 전통적으로 쓰였던 거꾸로 매달린 상황(피투라 인파만테), 모두의 비웃음을 사고 아무도 공감해주지 않는 현재를 묘사한 뒤에 그가 사실은 성자이며 순교 과정이라는 의미의 후광 이미지를 배치했다. 보편적으로 치환된 순교는 시대를 앞서가거나 세인보다 월등하게 뛰어난 심미안을 지닌 이가 오히려 다수의 대중에게 핍박받음을 뜻하며, 그에 대한 평가는 한참 뒤에 이루어질 것이고 핍박의 상황은 그에게 새로운 단계로 나아감을 촉진한다는 의미를 지닌다. 이 카드에서 모든 상황은 매달린 자 자신에게 일어나는 사건이다.

따라서 이 카드가 묘사한 통과의례는 목표를 이루고자 굳건한 믿음과 확신을 바탕으로 한 희생을 수반한다. 통과의례는 자격이 주어진 자만 할 수 있다. 다른 이의 의도나 목적과 별개로, 자발적 '형벌'을 통해 스스로 시험에 임했음을 드러낸다.

순교는 영적 파문波紋을 통해 세계관 영역의 확장을 낳는다. 개인의 진리로 여겨진 믿음이 집단의 믿음으로 나타나고, 곧 문화 전체의 종교적 의미를 획득한다.(종교적으로 보자면 신도 → 공동체 집단 → 교

* 웨이트는 이 카드가 '순교'를 의미하지 않는다고 했으나, 이는 물리적 순교를 말할 뿐이다. 카드의 핵심은 정신적 순교에 있다. 정확히는 정신적 죽음이다. 융은 이를 '영혼의 밤'이라 불렀는데, 정신적 죽음을 거쳐 그다음의 영적 단계로 나아갈 준비를 하는 것으로 설명할 수 있다.

회→교국 순서) 어떤 문화든 '선구자'의 위치가 이와 비슷하며, 선구자로서 한 분야를 개척하며 편견과 난항의 상황을 마주했을 때 겪는 성장통과 통과의례 방식이 카드에 전부 들어 있다. 그러므로 이 카드의 정체 상태는 높은 단계로 도약하려는 준비를 뜻하며, 장애 요소가 아닌 시련으로 남는다. 실질적으로 모든 작업은 이루어지지 않는다. '유예'와 '정지', '멈춤'의 의미는 여기서 파생된다. 그러나 이 단계는 아무것도 하지 않은 것이 아니며, 멈춘 시기 동안 내부에서 새로이 탐색한다는 의미가 있다. 최종적으로 파장을 만들어 세계관이 확장된다는 순교의 맥락에서 카드의 의미는 거대한 관념적 의미까지 다다를 수 있다. 그리하여 현재 진전이 없더라도 다가올 변화를 맞이해야 한다는 의미도 있다.

연금술: 유황의 투하 카드에 있는 사람의 자세는 운명의 수레바퀴 카드에서 드러났던 유황 기호를 뒤집어놓은 것이며, 유황이 담당하는 영이 지상으로 투하되는 과정을 묘사한 것으로 알려져 있다. '통과의례'로 대표되는 카드의 의미는 '영혼의 정련'과 같은 뜻임을 알 수 있다. 이제 이 과정을 거쳐 과거와 다른 모습으로 일신이 이루어지리라는 의미를 드러내며, 이어지는 카드는 통과의례 뒤의 과정을 묘사한다. 더 나아가 소금, 유황, 수은은 단순히 육체, 영혼, 정신으로 대응되는 것을 넘어 성자, 성신, 성부로 묘사되는데, 이 의미를 확장하면 지상을 향해 투하되는 성스러운 신의 모습으로 드러남을 알 수 있다.

카발라: 심판/힘(게부라) → 위엄/영광(호드) '안정의 지성'
이렇게 부르는 이유는 이 통로가 불변하는 것의 원천이기 때문이다. 이는 12라는 숫자의 의미가 영향을 미친다. 카발라적으로 보면 그림에서 나무에 매달린 자는 태초의 인류인 아담 카드몬이며, 이 매달린 나무가 곧 생명의 나무임을 알 수 있다. 이 과정은 아담 카드몬의 실락失落을 다루는 장면에서 공통적으로 드러난다.(하르트만 셰델 Hartmann Schedel의 『뉘른베르크 연대기*Nuremberg Chronicles*』(1493) 참고)

더욱이 나무와 매달린 자의 묘사를 보면 3×4 구조인데, 전통적으로 3(타우 십자가)은 '최초로 이루어지는' 조화를 뜻하며, 4(발 모양)는 '최초로 이루어진' 안정을 뜻한다. 이는 통로의 명칭에 걸맞는 묘사를 하려는 장치이며, 클래식 덱과 라이더-웨이트 덱 모두 같은 묘사를 쓰고 바꿀 수 없는 부분이라는 점을 확인하는 단초다.

다만 클래식 덱에서 표현한 양쪽의 기둥이 라이더-웨이트 덱에서는 하나의 기둥으로 바뀌었는데, 이 통로가 담당하는 경로상 양쪽에 기둥을 두는 표현 자체가 틀렸다고 보고 표현을 바꾼 듯하다. 왜냐하면 심판/힘(게부라)을 통해 위엄/영광(호드)으로 향하는 길에는 '자기희생과 헌신'이 필요함을 표현하면서 세피로트 구조의 '왼쪽'에 형성되는 심판의 기둥이 완성됨을 알려주는 카드이기 때문이다.

▽/♆ **점성술: 물/해왕성** 물의 원소로 보면, 이 속성에 해당하는 게, 전갈, 물고기자리의 세 요소를 모두 적용하여 카드를 이해할 수 있다. 요컨대, 내면이 완성된 상태(게)에서 이루어지는 강렬한(전갈) 정신적 신비 체험(물고기)이 이 카드에서 비로소 이루어짐을 뜻한다. 이는 각기 전차 카드, 죽음 카드, 달 카드와 연계된다.

동시에 이 상황은 피할 수 없는 것(전차 카드)이며 그렇기에 곧 다가올 변화(죽음 카드)를 통해 정신적 통합을 이루는(달 카드) 단계임을 보여주는 것으로 이해할 수 있다. 반대로 스스로 완성에 이르지 못한 채로 이를 시행하면 충격으로 자신을 잃어버리거나 정체성을 찾지 못해 부유하고 방황할 수 있음을 경고하기도 한다. 이는 이 카드의 긍정적인 키워드인 통과의례, 헌신, 봉사에 대비해 희생양, 조리돌림, 자기 부정 등의 부정적 의미로 나타난다.

후대의 연구가들이 해왕성을 이 카드에 배정했는데, 이 주장으로 카드를 보면 해왕성의 기질인 용융溶融(녹아서 섞이는 것)에서 의미를 찾아야 한다. 용융이란 각각 다른 객체가 한데 모여 녹아 섞이는 작용을 말하며, 이는 통과의례를 거쳐 외부인이 집단에 속하는 과정을 묘사한다고 볼 수 있다.

이 과정의 장소, 목적, 진행 상황을 알고 싶다면, 해왕성이 지배하는 천체를 확인하면 된다. 이는 바로 물고기자리이며, 이 통과의례가 이루어지는 공간이 달 카드에 있음을 뜻한다. 해당 통과의례가 어떤 방식으로 이루어지는지 확인하려면 해왕성의 기능이 나아가는 별자리인 게자리(전차 카드)를 참고하면 된다. 이때 전차 카드의 명확한 판단 기준이 달 카드의 모호한 무의식과 의식 세계를 공감하게 하며 하나로 만들어가는 상황을 의미한다고 볼 수 있다. 이는 기존 해석과도 어느 정도 비슷하며, 최근 심리 점성술사에게 지지받는 해석이다. 다만 덱 제작자의 의도와는 조금 다를 수 있다. 덱 제작 당시(1910년)는 명왕성 발견 전이었고, 천왕성과 해왕성을 점성술이나 오컬트 개념에 넣는 것에 관해 논의가 이루어지기 전이었다는 점에 주의해야 한다.

필폿Fylfot

매달린 남자 카드에서 웨이트는 남자의 다리 모양을 '필폿fylfot'으로 명시했다. 전통적으로 이 카드는 연금술에서 유황을 뜻하기 때문에 다리 모양이 유황 기호(🜍)를 뜻한다는 설이 지배적이었으나, 웨이트는 필폿이라는 단어를 끌어옴으로써 전혀 다른 의미를 추가했다.

영미권의 문장학 전통에 따르면 필폿은 수직으로 똑바로 서 있는 몸통에 짧게(축소되거나 접힌) 팔다리가 수직으로 교차하는 모습을 표현한 단어다. 이에 따르면 매달린 사람의 몸은 유황을 뜻하는 기호보다 필폿을 표현한 도상이 의미에서 앞선다. 앵글로색슨-노르드어로 거슬러 올라가면 필폿은 '네 개의 발' 또는 '많은 발'이라는 뜻이다.

이 단어는 오직 영국에서만 발견되며, 로마인들이 대大브리튼섬에 도착하기 전부터 있던 상징이다. 원류는 밝혀진 바 없으나 장례 문화, 내세관과 밀접한 연관이 있었으리라 추측된다. 특히 영국에 전래된 초기 기독교 카타콤에서 필폿 문양이 다수 발견되는데, 영국에 기독교가 전래된 다음에 필폿 문양은 기독교 문화에 흡수돼 활용됐다.

기독교 장례 문화와 결부해 '네 개의 발'을 해석하면 그노시스파에서 말하는 '4개의 기독교 세계' 또는 '4개의 기독교 시대'를 표현한 것으로 볼 수 있으며, 세계와 세계 사이의 휴지기를 표현한 카드로 해석해도 의미는 연결된다.

XIII. DEATH.

죽음

변환
Transformation

현실의 '죽음'이 아니라 국면의 '종결'(끝)로서 특정한 사건을 뜻한다. 과거의 자신과 다른 새로운 것으로 변환을 이루어내는 것이 카드의 의미다. 이 변환은 매달린 자에서 통과의례가 끝나고 전과 다른 모습으로 변화하는 모습을 모두 포함한다. 이로써 새로운 환경, 과거와는 다른 처지에 놓이며 변환의 의미가 긍정적으로 작용했다고 볼 수 있으며, 좋은 의미로서 종료이자 새로운 시작을 뜻한다고 볼 수 있다. 반대로 통과의례 준비가 덜 됐다면 그 상태에 묶인 채 종결될 수 있다는 암시이기도 하다. 이때는 변환이 부정적 의미로서 종료를 뜻하거나, 종결되고 현 상태는 유지되나 본래의 격이 떨어짐을 뜻하기도 한다.

죽음의 기수 「요한 묵시록」의 '종말의 네 기수'의 하나로, 흑사병을 뜻하는 전통적인 그림이다.[128] 죽음(변환)이 임박했음을 표현하고자 배치됐다. 말의 붉은 눈은 광기를 뜻하며, 죽음의 무자비한 폭력이 모두에게 공평하게 적용됨을 암시한다. 또한 이 그림은 명백하게 현세의 삶이 덧없음을 뜻하는 바니타스Vanitas 도상의 하나다.

깃발 검은 깃발은 죽음 자체를 뜻하는 엠블럼이다.[129] 또한 깃발에 그려진 역逆오망성은 연금술적으로 초월적인 힘이 지상에 강림함을 뜻함과 동시에 오망성을 형성하는 에테르의 축, 초차원적인 에너지가 빠져나가고 물질적인 존재로 에너지가 하강함을 뜻한다.[130] 궁극적으로 이는 존재하던 것들의 몰락을 상징한다.

태양 죽음의 순간이 반복되며, 일상적으로 늘 일어나고 영구적으로 평등한 사건이라는 점을 암시한다. 카발라의 케텔 그 자체를 의미하며, 태양 카드의 태양으로서의 불변성을 뜻하는 중의적 상징이다.[131]

탑 사람이 지각하거나 표현할 수 있는 영역을 뜻한다.[132] 현세와 내세를 가르는 매개체이며, 죽음과 같은 변환 작업을 암시한다.

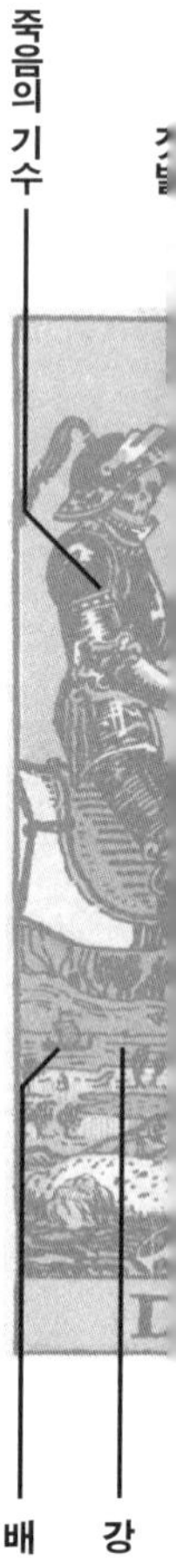

배 연금술적으로 이성과 영혼을 담는 '그릇'으로서 물질을 뜻하며, 새로운 영적 여정을 나서는 정신의 항해를 상징한다.[133] 또한 죽음의 기수 뒤에 있으면서도 '움직일 수 있는' 유일한 존재로서, 마법적 제련 작업과 정신적 수행은 육체적 죽음을 초월해 진행됨을 암시한다.[134]

강 죽음의 기수와 같은 방향으로 흐르며, 거스를 수 없는 시간의 섭리를 상징한다.[135] 유프라테스강을 표현한 것으로, 메이저 카드에서 드러나는 네 강의 마지막을 묘사함으로써 현세의 물리적 종결점을 표현한다.[136]

남녀노소 네 명의 인물을 통해 죽음을 받아들이는 각자의 태도를 보여준다.[137] 왕으로 묘사된 권력은 이미 죽어 있으며, 이는 권세가 영원하지 않는다는 진실을 보여준다. 교황으로 묘사된 종교는 구원을 기도할 뿐, 스스로 얻을 수 없는 무력한 모습으로 나타난다. 여인으로 묘사된 '미'는 끝내 마주할 수밖에 없는 노화를 애써 외면하는 모습으로 등장한다. 아이만이 죽음을 마주본다. 라이더-웨이트 덱의 메이저 카드에 등장하는 모든 아이는 '마법적 의미'를 지니는데, 아이는 죽음이라는 개념을 인지하지 않기 때문에 이에 얽매이지도 않는다. 그런 관점에서 아이는 죽음에 관해서는 완벽성을 지닌다. 이로써 아이만이 죽음 전후의 비밀에 접근할 수 있으며, 죽음의 끝을 통해 변환의 단초를 제공함을 암시적으로 보여준다.

이 카드의 죽음은 바니타스Vanitas 도상의 상징에 크게 의지한다. 바니타스 도상은 해골과 함께 그리는 전형적 도상으로, '삶의 덧없음'을 표현하는 회화 전통의 하나다. 바니타스 도상은 허무주의 성향으로 흐를 수 있지만, 이 카드에서는 명백하게 그노시스파의 철학에 기반해 현세의 삶과 육신의 덧없음을 표현하는 데 쓰였다. '덧없음'이라는 키워드는 다음 단계의 새로운 변환 과정을 준비하는 '단절'을 표현한다.

죽음은 누구에게나 공평하며 무자비하다. 죽음을 막거나 거스를 방법은 없다. 죽음의 기수를 대하는 사람들의 태도와 강물의 흐름이 이를 잘 보여준다. 따라서 카드의 중심 의미인 '끝'은 어떤 상태를 뜻하는 표현이며, 카드의 전체 틀에서는 가장 기본 역할을 수행한다. 이 카드의 의미는 죽음(끝)이 가져다주는 효과를 묘사하는 데 중점을 두고 있다. 곧, 매달린 남자에서도 드러난 통과의례 전후의 극명한 차이를 보여주는 것이며, 이를 통해 과거의 산물들이 소멸, 격리되거나 잊혀지는 것으로 해석된다. 따라서 이 '종결' 또는 '끝'이라는 카드의 의미는 '결별', '격리', '망각' 등의 키워드로 확장된다.

이는 죽음(끝, 결별) 뒤에 다음 단계가 있음을 전제로 진행되는 의미들이다. 그림에서는 이 새로운 탄생을 강을 통해 경계선을 긋는 표현으로 묘사함으로써 종결 이후의 여정을 보여준다. 종결의 사건이 일어난 뒤는 훨씬 더 높은 단계, 불멸의 단계로 이행하는 과정이며, 이는 강 너머 두 개의 탑의 태양에서 읽어낼 수 있다.

카드의 죽음은 그러므로 '끝'을 나타내며 상징적 죽음으로 해석할 수 있다. 매달린 남자의 죽음이 영적 죽음(잠듦)을 뜻했다면, 죽음은 육체의 죽음을 거쳐 영적 자아가 새로 깨어남을 암시하는 상징으로 채워져 있다(강물의 배, 탑, 아이). 이로써 육체의 삶에서 영적 삶으로 전환되며, 자아는 바뀌지 않은 동일인임을 뜻한다. 이는 통과의례를 성공적으로 치러내면서 얻는 삶의 전환 국면이다.

따라서 이 카드는 통과의례가 끝나고 변화하는 모습과 함께 통과의례를 제대로 치러내지 못한 이들의 모습을 동시에 그려낸다. 왕,

사제, 여인, 아이로 묘사한 인간 군상 속에 압축돼 있다. 이 인간 군상은 인간이 지향하는 가치의 속성을 묘사한다. 자신의 삶의 국면이 여기서 끝맺었고 통과의례를 넘어가지 못했다면(상징적으로 묘사된 아이만이 통과의례를 무사히 수행한다) 부족한 점을 보완해서 다시 의례를 치러야 함을 확인할 수 있으며, 반대로 통과의례를 치러낸 이들은 다음 단계로 나아가는 과정이 기다리고 있음을 인지해야 한다.

이 카드는 현재 끝맺는 시점의 다음 단계에 기다리는 상황들을 강 건너편의 탑과 태양으로 집약해서 묘사하며, 종결 상황에서 다음 단계로 넘어가기 위한 자격 조건을 '아이'라는 상징으로 상당히 중의적으로 배치했다. 종결에서 다음 단계로 넘어갈 수 없는 이와 넘어갈 수 있는 이의 자격 조건은 분명히 있으며, 이 종결은 개인의 능력으로 벗어날 수 없다.

연금술: 석출과 흑화 석출은 질료를 냉각하는 과정이며, 육체(질료 자체)의 열기를 모두 앗아가는 모습으로 표현한다. 결국 석출은 실제적 죽음과 같음을 표현한 것이다. 또한 중세 연금술에서 흑화 과정이 죽음이었다는 것과 상통한다. 그렇기에 모든 덱에서 죽음 카드는 해골 또는 사신이 등장한다. 실제적 의미의 죽음이라고 여겨지기보다 질료의 기본 성질을 바꾼다는 의미이며, 내면의 본 속성을 바깥으로 끌어내는 과정이라 여겼다. 이로써 통과의례가 끝난 뒤 자신의 성질을 파악해내고자 '변환'을 거친다. 변환 과정 속에서 겪는 고통은 죽음에 상응한다 여겼으며, 변환을 거쳐 과거의 모습에서 벗어나 완전히 달라진다는 점을 강조했다. 이는 곧 깊은 내면에서 무의식을 꺼내드는 작업과 같으며, 투하된 영혼을 순수하게 만드는 과정으로 이끌어가게 된다. 곧, 백화 단계로 진입하게 될 것을 암시한다.

카발라: 미(티페레트) → 승리(네자흐) '상상적 지성'

비슷한 속성으로 창조된 유사 존재들의 모형이 되는 과정이다. 거푸집처럼 정해진 틀(통과의례)을 통과한다는 의미다. 나아가 완성된 미(티페레트)를 통해 승리(네자흐)하려면 어떤 규칙과 방식이 균일하게 제시돼야 한다는 의미도 있다. 강렬한 통과의례를 거쳤지만, 여전히 그다음 검증 단계가 연이어 남아 있음을 역설한다.

♏ **점성술: 전갈자리** 변환 과정에는 강렬한 경험을 겪어야 하며, 이런 충격이나 경험을 거쳐 불순물을 태워버리고 새로운 모습으로 일신해야 함을 드러낸다. 이를 수행하지 못하면 파멸이 다가온다는 것도 보여준다. 강을 건너간 이들(변환에 성공한 사람들)이 새로운 인식 지평을 열고 내일의 태양을 다시 맞이할 수 있음(탑과 태양)을 암시한다. 더불어 변화에 실패한 과거의 모든 것(통과의례를 완수하지 못한 이들)에게 죽음의 선고를 내리는 모습도 표현돼 있다.

이런 모습이 어디에서 기원하는지 확인하려면 이 별자리를 지배하는 화성의 의미를 참고해야 한다. 또한 뒷날에 연구가들이 추가한 명왕성도 같이 언급해야 한다. 화성과 명왕성은 각각 탑 카드와 심판 카드에 대응한다.

화성에 대응되면, 변환 과정에서 자신을 연마하고 채찍질하면서 이를 달성할 수 있음을 강조한다. 이는 곧 카드의 의미와 연계돼 과거의 자신이 쌓아 올렸던(탑) 모든 것(사고방식, 관점 등)에 새로운 요소들, 역경과도 같은 충격을 가해 일신해냄으로써(번개) 완수할 수 있음을 의미한다. 화성의 역할에서 충격이 부족하거나 잘못된 방향으로 나아간다면 자멸하거나 다른 이에게 해악을 끼칠 수 있음도 드러낸다.

명왕성이 발견된 뒤 연구자들은 전갈자리를 지배하는 행성을 화성에서 화성/명왕성을 병기하는 쪽으로 바꿨다. 명왕성은 죽음과 재탄생을 의미한다고 생각했으며, 전갈자리가 뜻하는 '완벽한 파괴 후 이어지는 재생'의 이미지를 함께 부여했다. 더불어 명왕성을 심판 카드에 배치해 죽음 카드에 배정된 전갈자리의 의미를 보충 설명한다.

이는 죽음 카드-전갈자리에서 일어나는 충격의 정도가 모든 것을 송두리째 바꿀 수 있는 미증유의 힘이 있음을 뜻하며, 결코 과거로 돌아갈 수 없음을 드러낸다. 또한 매달린 자에 배정된 해왕성과 연계돼, 통과의례에 맞닥뜨리고 치러내는 과정의 막바지 모습을 심판 카드-명왕성의 의미로 보충한다.

묵시록의 네 기수

이 카드의 이름이기도 한 '죽음'은 「요한 묵시록」에 등장하는 종말의 네 기수 가운데 마지막인 '죽음'을 묘사한 것이다.

> "내가 또 보니, 푸르스름한 말 한 마리가 있는데 그 위에 탄 이의 이름은 죽음이었습니다. 그리고 그 뒤에는 저승이 따르고 있었습니다. 그들에게는 땅의 사분의 일에 대한 권한이 주어졌으니, 곧 칼과 굶주림과 흑사병과 들짐승으로 사람들을 죽이는 권한입니다."(묵시 6:8)

종말의 네 기수는 전형적 기독교 도상의 하나인데, 특히 마지막 기수인 죽음이 가장 유명해 많은 작가에게 영감을 주었다. 그런데, 중세까지는 도상에 바니타스가 첨가되지 않았다.

알브레히트 뒤러의 〈종말의 네 기수〉에는 미친 노인의 형상을 한 죽음이 보이며, 중세의 많은 도상에서도 해골이나 낫을 든 죽음은 등장하지 않는다. 바니타스 도상이 죽음의 네 기수에 편입한 것은 르네상스가 지난 다음이다.

앤서니 애브니의 『시간의 문화사』에 따르면 바니타스는 인간이 시간에 구속됐다는 것을 깨닫는 산업화 사회의 산물로서, 중세 전통 도상에 해골과 잔혹한 존재로 묘사되는 '죽음'은 존재하지 않는다. 실제로 중세에 죽음을 상징하는 존재는 낫을 든 사신이 아니라 '죽음의 천사'였으며, 젊고 생기 있는 존재로 묘사된다. 라이더-웨이트 덱에서 바니타스를 차용한 데는 육체의 덧없음을 묘사하며 종말 이후의 영적 세계를 묘사하려는 의도가 숨어 있다.

XIV. TEMPERANCE.

절제

적절함을 위해 덜어냄

Optimization

이 카드는 '필요 없는 것을 배제하는 의미로서의 절제'를 의미한다. 절제의 어원은 와인 농도를 조율하고자 물을 희석하는 행위를 일컫는 Temperare에서 유래했으며, 옛사람들에게 이런 행위는 익숙했기에 절제라는 단어로 카드의 뜻을 쉽게 전달할 수 있었다. 필요 없는 것을 걸러낸다는 의미는 앞서 언급했던 통과의례를 거친 뒤 불순물을 걸러내어 정수를 추리는 과정으로 이해할 수 있다. 긍정적 의미에서 절제 카드는 말 그대로 자신의 목적이나 역량을 최적화하는 과정으로 볼 수 있으며 아름다움, 정화, 회복 등의 키워드로 카드에 들어간다. 반대로 상황을 홀로 극복하지 못하거나 견디지 못해 탈락한 이들에게는 불순물이 아니라 자기 자신이 배제당할 수 있음을 보여준다. 이런 부정적인 의미는 '구조조정', '양비론', '편중' 등의 단어로 카드에 적용된다.

왕관 카발라와 관련한 상징으로, 제1세피라에 해당하는 발출의 케텔을 뜻한다.[138] 생명의 나무 구조에 타로카드를 대입한 것에서 케텔로 곧장 이어지는 연결점을 의도하고자 삽입됐다. 덱 제작자는 절제 카드를 케텔에서 티페레트까지 이어지는 통로로 배정했기에, 이 그림에서도 동일하게 묘사되도록 구성했다. 그리고 왕관에서부터 내려가는 길은 세피로트 구조에서 중심축이 되는 기둥을 따라 내려오는 경로를 표현한 것이다.

태양 천사의 영성이 이미 지고한 경지에 근접해 있다는 뜻을 담는다.[139] 천사의 영광이 신을 대표하는 수준에 다다랐다는 의미를 지니며, 미의 티페레트의 이명異名인 마이크로프로소푸스 Microprosopus를 묘사한다. 이는 신의 '작은 얼굴'이자 완전성을 의미하는 자웅동체의 모습으로 실체를 드러내는 얼굴이다. 발출의 케텔이 큰 얼굴을 뜻하나 그 실체를 드러낼 수 없는(비현현적) 것과 차이가 있다. 또한, 연금술적 의미(태양=금)를 중의적으로 묘사한다.

테트라그라마톤 이 천사가 메타트론임을 암시한다.[140] 이 상징을 자신의 대표 표식으로 내세우는 천사는 카발라에서 언급된 케텔-티페레트를 잇는 지고미至高美를 이룬 천사이며, 이는 『에녹서』에 언급됐으며 가슴에 그려진 테트라그라마톤이 의미할 수 있는 천사인 메타트론밖에 없다.[141]

가슴의 백색 사각형과 적색 삼각형 순수하고 성스러운 불(聖火)을 의미한다. 또한, 마법과 관련한 맥락에서 정신적·영적 삼각형이 구현돼가고 있음을 드러낸다.[142]

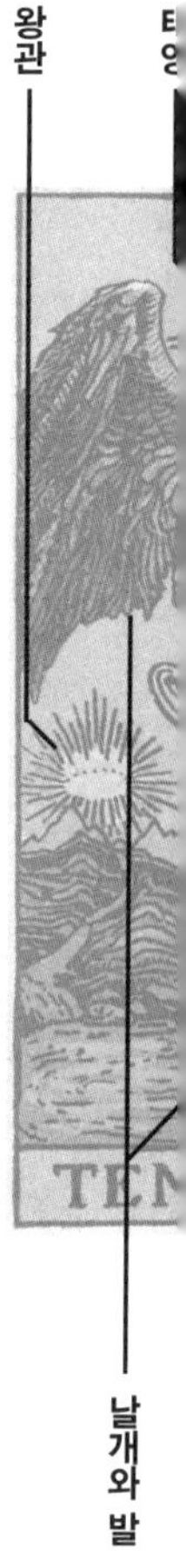

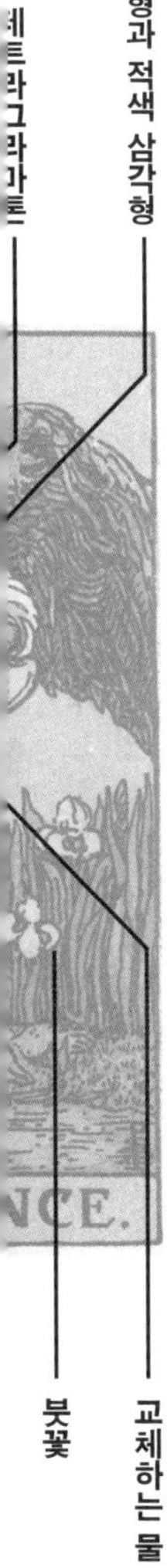

날개와 발 이곳은 드러날 수 없는 모든 것이 드러나는 비밀 장소임을 상징한다. 반쯤 접힌 날개와 두 발은 조화와 초자연적 평온 속에 정제 작업이 이루어짐을 보여준다. 두 날개는 펼쳐지지도 완전히 접히지도 않은 상태이며, 두 발은 한쪽이 물에 잠겨 있고 한쪽은 지상에 떠 있다. 시간이 멈춰 있지 않으면 구현할 수 없는 자세를 하고 있으며, 중력에 거의 완벽하게 자유로운 것처럼 묘사돼 있다. 이곳이 '현존하지 않은 장소'임을 뜻하며, 비밀스러운 작업이 이루어지고 있음을 암시한다.

붓꽃 신비 체험의 징표로서 들어간 상징이다.[143] 중세 가톨릭에서 노란 붓꽃이 의미하는 바를 끌어왔다. 붓꽃은 전통적으로 무지개를 상징하는데, 가톨릭 상징 체계에서 무지개는 '절대자와의 약속된 승리'를 의미한다.[144] 또한 신비적 종교 경험, 특히 드러나지 않을 장소에서 벌어지는 경험에 대한 징표로서 붓꽃은 수도원 길목에 은유적으로 배치한 노란 붓꽃(수선화)과도 같은 의미를 지닌다.

교체하는 물 일차적 원형상징으로서, 생명력 그 자체를 상징한다.[145] 또한, 걸러내는 과정을 통해 정화와 해독을 표현한다. 이 작업을 통해 필요 없는 불순물을 버리고 계속해서 새로움을 창출한다. 또한 연금술에서 일컫는 에테르(물결 무늬)가 실체화한 것을 볼 수 있다.[146] 물이 흐를 수 없는 각도로 흐르는 묘사를 통해 컵 안에 담긴 것은 물이 아니라 에테르임을 암시한다. 이로써 천사는 (연금술의) 정수를 걸러내는 작업을 하고 있음을 알려주며, 완성을 향해 나아가고자 온전한 것을 모으는 과정임을 알 수 있다.

절제Temperance라는 단어는 라틴어 단어 TEMPERARE에서 유래했으며, 로마 시대에 포도주에 물을 섞어 희석하는 작업을 뜻했다. 적절한 농도를 맞추는 작업, 곧 '최적화'라는 의미로 쓰였다. 이는 이 카드의 키워드와 가장 밀접한 의미를 가지고 있다.

이 카드가 의미하는 절제는 사추덕에서의 절제를 의미한다. 또한 클래식 덱의 접근에 따르면 이 카드를 마지막으로 인생의 청년기를 마치게 되며, 정력적으로 활동하는 시기에 갖춰야 할 네가지 덕(용기, 지혜, 정의, 절제)을 비롯해 시기적절한 행동과 통과의례를 거쳐서 어엿한 성인의 행보를 요구받는다.

키케로의 『의무론』에 따르면, 중용이란 마지막 미덕의 요소로서 적절함Decorum을 뜻하며, 이를 통해 아름다워질 수 있다고 했다. 키케로는 형질이 다른 것들이 서로 어우러져 만들어내는 형태나 관점이 바로 절제의 의미를 관통한다고 역설했다.

인간은 포도주를 희석함으로써 성질이 다른 두 물질을 섞어 원하는 물질을 만든다. 그리고 이 과정에 연금술적 의미가 덧붙으면서, 두 질료를 조합해 근본적인 하나의 질료만 남기고 나머지를 걸러내는 작업을 묘사한다. 이 작업은 두 개의 컵 사이에서 일어나고 있다. 물결 모양으로 묘사한 에테르는 연금술과 철학에서 '가장 순수한 질료'로 정의한다. 다시 말해, 이 과정을 거쳐 '고순도'의 에너지를 집적하는 여과 과정이다.

절제는 얼마나 균형을 유지해내는지가 중요하기에 시의적절함, 상황 판단, 사물을 다루는 능력이 종합적으로 요구된다. 이 카드의 중간적이고 경계적인 도상들은 모두 종합적 판단 아래의 최적화를 묘사한다. 천사의 날개는 펴진 것도 아니고 접힌 것도 아니며, 한 발은 물에 담그고 한 발은 땅을 딛고 있는 것으로 묘사되었으나 그마저도 바닥에 착지한 것도 아니고 날아오르는 것도 아니다. 또한, 천사가 물을 섞는 행동에서 물은 사선으로 흐른다. 그리고 그림 속 사각형(테두리)과 삼각형(천사의 가슴)은 이 작업이 현재 현실적/비현실적인 양 측면에서 계속 진행됨을 의미한다.

구조적 관점에서 이 카드는 총체적 아름다움, 모든 요소가 조화롭고 완벽하게 자신의 역할을 수행하는 모습을 묘사한다. 분야, 범주, 외형미外形美를 넘어 극한의 자연미를 담은 상태까지 아우른다.

절제 카드는 그림 속의 '장소'와 천사의 '작업'을 집중적으로 표현한다. 카드의 키워드 또한 여기서 출발한다.

카드 속의 장소는 실재하지 않는다(사선으로 흐르는 컵 속의 물). 따라서 왕관의 영광까지 갈 수 있는 길이 이 장소에서만큼은 드러난다. 그리고 그 길을 갈 수 있는 수행 작업과 필요한 방침을, 천사가 하는 작업으로 간접적이나마 보여준다. 카드가 표현한 장면은 모두 '시간이 멈춘 듯한' 느낌을 받으나, '물은 여전히 흐른다'는 데서 착시효과까지 느껴진다.

이 모든 행동의 기반은 붓꽃과 왕관의 묘사를 통해 기독교적 카발라주의, 그 가운데서도 개인과 내면의 수행을 통한 전통에 기반한다는 점을 알 수 있다.

연금술: 밀랍과 백화 밀랍은 물질 재료를 부드럽고 유동성 있는 밀초蠟燭 같은 것으로 만드는 과정이다. 질료의 기질을 두 컵 사이에서 오가는 에테르처럼 액체화하는 과정을 거친다. 흑화를 거쳐 드러난 질료 내부의 혼합물을 순수하게 정제하는 과정이다. 또한 본격적으로 유형화된 불(연인 카드 참고)을 세상에 지피기 시작해 백화의 시작을 묘사하며, 이때 반드시 제5원소(신성)의 개입이 필요함을 드러낸다. 세상에 지펴진 불로서, 천사 또한 신성한 그분에게 직접적으로 불꽃을 받은 자(메타트론)로 드러나며, 메타트론 전승을 통해 이 과정이 자신의 껍질을 버리고 순수한 영혼을 걸러내 모으는 것임을 확인할 수 있다.

카발라: 미(티페레트) → 기초(이소드) '유혹 또는 시험의 지성'
이렇게 이름 지은 이유는, 이 과정에서 신이 자신의 피조물(아담과 하와)을 시험했기 때문이다. 이는 연인 카드와의 관계를 빚어낸 원인이며, 나아가 미의 티페레트에서 시작된 아름다움과 완벽성이 양성구유의 천사로 표현되는 직접적 이유를 제공한다. 양성구유는 미(티페레트)가 기초(이소드)를 표현하기 위한 중의적 장치임을 알 수 있는데, 이는 기초(이소드) 자체가 뜻하는 신체 부위가 남녀의 생식기에 대응하기 때문이며, 이를 통해 시험 이후에 다음 작업으로 이행함을 알 수 있다. 물론 우리는 신이 어떤 작업을 했는지 「창세기」의 내용으로 짐작할 수 있다.

♐ **점성술: 사수자리** '최적화'하는 데 필요한 요소로, 이상적인 모습을 추구해야 함을 의미한다. 최적화하려면 기준이 필요하며, 이상을 현실로 구성해내려는 노력이 뒤따라야 한다. 이상 자체가 적합하지 않거나 노력이 전제되지 않으면 최적화하는 데 실패하고 불균형해질 수 있다.

이러한 성향은 사수자리의 지배 행성인 목성의 의미에서 기원한다. 이는 곧 운명의 수레바퀴 카드에 대응한다. 확장 또는 팽창하는 성질을 지닌 목성의 기질은 기본적으로 낙천적 성향을 바탕에 두고 표출된다. 이는 이상을 설정할 때 희망과 긍정의 힘을 기본으로 삼아야 하며, 이를 바탕으로 최적화를 계산해야 한다는 뜻이다. 이는 특히 연금술적으로도 의미가 연결된다. 연금술에서 이 과정은 용해를 통해 각 질료의 정수를 용해해 기화하는 것이며, 점성술적으로도 기화를 의미하는 목성을 배치해 의미가 상통하도록 묘사했다.

이런 면모가 드러나지 않거나 이상을 제대로 펼칠 수 없는 상황에 마주하면 작업은 무의미해지고, 현실성 없는 이상을 내세워 자신과 다른 이를 고난에 빠뜨릴 수 있다.

운명의 수레바퀴 카드는 이런 절제 카드-목성의 특성이 어떤 상황과 조건에서 이루어져야 긍정적 면모를 강화할 수 있는지 드러낸다. 이상의 중요함을 인식하되, 적절한 시기에 발현해야 함을 천명하는 것이다.

메타트론Metatron

그노시스파 경전 『광휘의 서』와 『에녹서』에 언급되는 대천사다. 천한 신분이었으나 신앙심이 투철했던 구두장이 에녹이 신의 뜻으로 하늘에 불려가고, 이후 강렬한 불꽃에 휘감겨 천사로 변화했다는 표현을 통해 묘사된다. 메타트론으로 변화한 그는 신의 무력을 상징하는 대표자로 여겨졌다.

그러나 메타트론에 관한 묘사는 시대와 관점에 따라 서로 큰 차이를 보인다. 천상의 서기로 묘사하거나 산달폰의 쌍둥이 형제, 천사들의 군단장으로 묘사하기도 하는 등 서술이 일관되지 않아 뚜렷한 정설이 없다. 또한 그가 등장한 『에녹서』도 기원전 3세기부터 기원후 3세기 동안에 완성되며 유대교 전승과 달리 그리스-로마의 개념이나 기독교의 개념이 녹아 있어 논란이 끊이지 않았다.

라이더-웨이트 덱에서는 신의 보좌역의 한 축으로 남은 신의 적자 가운데 하나로서 메타트론을 강조했다. 이는 YHWH의 이름이 히브리어로 그림 속 천사의 가슴에 명기된 것을 통해 알 수 있다.

XV. THE DEVIL.

악마

현실화

Materialization

악마 카드가 유혹과 타락과 부패를 의미한다고 여기기 쉬우나, 이는 어디까지나 '현실화'에서 파생한 키워드임을 인지해야 한다. 이상적인 목적을 구체적인 실물로 완성하는 과정이 단순히 이상적인 계획대로 되지 않음을 우리는 살면서 깨닫곤 한다. 악마 카드는 현실화 과정에서 벌어지는 모든 모습을 보여주는 의미로 쓰인다. 다른 카드와 달리 유독 긍정적 키워드가 거의 없다고 알려져 있으며 실제로 부정적 시각으로만 해석해도 큰 무리는 없고, 그림도 대부분 부정적이다. 그렇지만 긍정적 키워드가 없지는 않다. 자신의 능력이나 역량을 세상 밖으로 현실화할 때는 긍정적 의미를 적용할 수 있다.

손 교황 카드의 손과 대척점에서 위증의 의미를 지닌다.[147] 거짓된 신을 증명하며, 그의 증명에 따른 두 사람의 죄와 그 죄의 성격을 간접적으로 보여준다.

뿔 야수성을 뜻한다.[148] 그리고 인간의 머리에 달린 뿔은 인간에게서 드러나는 동물적 속성, 천박한 세속적 욕망이 행동 밖으로 드러남을 의미한다. 꼬리와 더불어 그들이 악마화해가는 인간이며 타락하고 있음을 간접적으로 보여준다.

역오망성 흑마법의 상징이면서 마법적인 힘에 따른 에너지가 물질계에 강림했다는 뜻이다.[149] 연인 카드에서 천사 미카엘의 머리에 불타오르는 영적 에너지는 이제 물질계로 내려오며 타락/부패했음을 뜻한다.

염소 전통적으로 악마와 관계있는 동물로 등장한다. 이는 매우 깊은 전통이 있지만, 기독교 전파 이후에 이에 반하는 이교도적 힘을 끌어오는 것과 관련 있다.[150]

배꼽 악마이지만, 인간이 잉태했음을 시사한다.

손

뿔

블랙베리

블랙베리 이 여자가 이미 '인간이 규정한 금기'를 어겼으며, 루시퍼를 받아들였음을 암시한다. 영국의 민간 전설에 따르면 '성 미카엘의 날'에는 블랙베리를 따거나 먹는 것이 금지돼 있다.[151] 성 미카엘의 날에는 미카엘의 천적이랄 수 있는 루시퍼가 힘을 쓰지 못하기 때문에 블랙베리(블랙Black이라는 단어에는 '사악한'이라는 뜻이 있다) 열매 안에 숨어서 때를 기다리기 때문이라고 한다.[152] 이 카드는 '연인' 카드와 짝을 이루며, 여기서 미카엘과 대척점인 루시퍼의 관계처럼 블랙베리 또한 선악과와 대척점에 있는 열매를 표현하고자 배치됐다.

바포메트 여기서 등장하는 악마는 매우 중의적 의미로 쓰였는데, 이 얼굴은 오컬트에서 쓰이는 바포메트의 지표를 변형해서 상징화됐다.[153] 또한 바포메트의 몸짓은 마법사 카드에서 표현한 카발라적 제스처의 모방이다.

사슬 속박을 뜻한다.[154] 움직일 수 없는 것이 아니라, 자신의 활동 반경을 넘어서 더 나아갈 여지를 제거하는 속박, 자유를 제한하는 속박으로 표현된다. 사슬에 자물쇠가 채워져 있지 않기 때문에 언제든 벗어날 수 있으나 묶여 있는 상황을 묘사했다. 다시 말해, 이들은 자신의 선택으로 사슬을 채운 것이다.

낙인 악마의 낙인이 향하는 남자는 악마가 내린 상황을 벗어날 수 있음을 뜻하며, 그 방법이 상당히 정치적인 요소로 진행됨을 암시한다. 꼬리는 연인 카드의 남자 뒤에 있는 커룹과 불칼나무의 불꽃이 모두 사그라지고 남은 유일한 하나이며, 개인의 욕망과 의지를 반영한다.[155] 곧, 스스로 묶인 상황에서 벗어나려 자신의 의지와 영감을 발휘하는 것조차도 악마 카드의 의미에 부합함을 역설한다. 악마를 죽이려다 보니 그 자신이 악마가 됐다는 표현과 닿아 있다.

악마Devil는 보통의 경우 일반명사로서 악마를 일컫지만, 대문자로 쓴 DEVIL은 사탄과 루시퍼를 지칭하기도 한다. 악마의 어원인 DIABOLUS는 '중상모략'을 뜻하며, 이는 수단과 방법을 가리지 않고 목적을 달성하고자 움직인다는 이 카드의 본질적인 뜻과 닿아 있다. 그리고 그렇게 얻은 결과 또한 가짜라는 것이 악마 카드의 본질이다.

악마 카드는 현실화 과정에서 맞닥뜨릴 수 있는 위험과 유혹을 의미하며, 그와 함께 이 모든 위험과 유혹이 가짜임을 보여준다. 또한, 악마의 모든 속성뿐 아니라 악마를 불러내는 인간성, 인간이 악마화되는 내면까지 포괄적으로 암시한다.

이런 방식으로 얻은 결과가 가짜인 이유는 그노시스파의 관점과 목표가 보통 사람이 인지하는 현실에서 벗어나 있기 때문이다. 그렇기에 (마르세유 덱을 중심으로 한) 클래식 덱보다 더 강렬하게 묘사한 것으로 보인다.

악마는 단순히 사람을 유혹하고 타락에 빠뜨리는 주체적 존재라고 생각하기 쉬우나, 이 카드에서 표현한 악마는 어디까지나 남녀의 요청으로 소환됐다. 자물쇠가 채워지지 않고 자신의 의지만 바뀌면 벗어날 수 있는 사슬에 여전히 묶여 있다는 점에서 그들이 아직 사슬을 풀 생각이 없고 어떤 방식으로든 자신의 의지로 묶여 있다는 사실이 드러난다. 이는 악마가 키워드의 한 축이 되는 '사술邪術', 방편이나 협잡 등의 조화로 현신했음을 보여준다.

사슬에 묶인 사람은 자신의 결정으로 일어난 결과를 지나치게 비관적으로 보지만, 이는 물질 전체에 대한 금기로 이어지는 그노시스파의 목표가 물질계를 벗어나 신성에 이르는 것임을 인지한다면 당연한 묘사다.*

현실화 단계는 누구나 겪으며, 이를 단순히 욕망의 현실화로만 이해해서는 안 된다. 그노시스파의 견해를 따르면, 신성한 세계에 도달

* 그노시스파 사상은 세상의 모든 물질과 생명이 신성을 내재하나, 이를 현실에 구체화한 육신이 영혼을 가두게 된 것이라고 인식했다. 이를 극복하고자 다양한 수련을 통해 신성과 합일해 신의 경지에 다가서는 것을 목표로 했다.

하기까지 인간은 육신을 지니고 있으며, 육신이 있는 한 인간은 이 경험을 완전히 제거할 수 없다. 인간은 이 과정을 스스로 깨닫고 후회하는 과정을 거치며 다시 신성으로 돌아갈 준비를 하는 일말의 가능성을 지니고 있다. 이를 그노시스의 변증법으로 표현할 수 있으며, 이것은 선악을 초월해야 함을 설파하는 점과도 닮아 있다.

악마 카드의 속성들은 우리가 본격적으로 사회 활동을 시작하는 단계로 이루어진다. 환경에 따라 지배하는 상태일 수도 있으며, 반대로 스스로 족쇄를 채우고 가야 하는 상황일 수도 있다. 현실의 부조리함을 역설하며 다음 단계로 나아가고자 이 과정을 거치고, 스스로 채웠던 족쇄를 부숴 악마의 거짓과 기만을 걷어내며 자신의 존재를 피력해 완성으로 나아갈 수 있다는 뜻도 지니지만, 이러한 내용이 카드의 암시적 키워드로 전달되지는 않는다(이는 다음 카드로 표현된다). 카드가 보여주는 속성의 가장 중요한 점, '필요에 따른 자발성' 때문이다. 사람들은 이 모순을 알면서도 없애지 않는다. 자신의 목적을 실현하고자 어쩔 수 없이 손해 보는 선택을 하는 모습으로도 비쳐지는 것으로 이해할 수 있으며, 이런 부정적 키워드는 부패나 배임 등 알고도 의도적으로 범하는 죄의 키워드로 카드에 적용된다.

그노시스파의 해석에 기반한 이 덱에서는 모든 물질계가 육신이라는 감옥 속에 있기에 모두의 완전성이 불완전하게 드러남을 시사하며, 우리는 완전함을 향하기 위해서라도 이 불완전함을 벗어나려 끊임없이 노력해야 함을 보여준다.

연금술: 부패/발효 질료로 현자의 돌을 만들 때 어떤 물질을 자신의 성질로 바꿔버리는 과정을 뜻한다. 이 과정에서 보이는 모습을 부패로 인식하거나, 반대로 이 과정을 거쳐 다른 질료/성질/속성을 띤 것에 내재한 특정 성분을 (현자의 돌을 만들고자 하는) 질료 안에 투사 또는 전이시켜 동일하게 만드는 과정이기 때문이다.

그렇기에 악마 카드는 강제적으로 연인을 취하는 것이 아니며, 이를 통해 변성시킨 질료를 파쇄/증식해 가루로 만드는 과정을 통해 완성을 향하게 된다. 카드의 키워드인 '현실화, 부패'는 이 과정을 함축한 키워드이며, 나아가 질료가 간직한 순수를 구체화해 세상에 나눌 수 있도록 준비하는 필수불가결한 과정을 보여준다. 이는 카드에도 그대로 표현되어 낙인 찍는 악마로 구현됐으며, 이를 통해 불붙은 남성(투사당한 질료)은 악마의 성질(낙인)을 받아들임을 드러낸다.

카발라: 미(티페레트) → 위엄/영광(호드) '혁명/혁신의 지성'
이는 지성을 통해 신이 창조물 가운데 바꿀 수 있는 것을 전부 새롭게 바꿨기 때문이라 언급한다. 이 통로의 새로움은 결국 '불완전한 피조물'들을 통해 이루어진다는 점을 역설하며, 동시에 위엄/영광, 곧 권위를 얻으려는 노력 또한 단순히 피조물 사이에서만 이루어진다는 점에서 혁명의 지성을 뛰어넘어야 함을 보여준다. 이는 카드의 묘사를 통해 키워드인 유혹 자체에만 머무르는 것을 경고하고, 나아가 이 유혹들을 뛰어넘어 더 높은 단계로 나아갈 수 있음을 뜻한다.

♑ **점성술: 염소자리** 이는 카드가 의미하는 부패나 타락이 어떤 요소들 때문에 일어나고, 어떻게 실현되며, 나아가 어떻게 극복해야 하는지 설명해준다. 이상을 현실화하려면 그 이상이 온전해지기 어려운 상황에 떨어지더라도 견뎌내거나 (이상의 현실화를 위해) 다른 요소와 타협할 필요가 있으며, 이를 통해 현실화하지 못한다면 이상 자체는 타락하거나 사라지며 야망에 잠식되어 전락할 수 있음을 역설한다.

이런 특성이 어디에서 기원하는지 확인하려면 이 별자리를 지배하는 행성인 토성의 의미를 확인해야 한다. 이는 곧 세계 카드에 대응한다.

토성은 수축과 폐쇄성을 띠며, 이런 성향 때문에 대흉성大凶星으로 인식돼왔다. 전단계(절제 카드-목성)에서 드러난 이상론을 현실로 구현해야 하는 단계임을 뜻하며, 당면한 환경이 제약적이라도 이 단계에서 이상을 구현해야 함을 강조한다. 토성의 이런 성격 때문에, 이상은 현실에 의해 재단될 수밖에 없다는 점도 드러난다.

이 과정에서 이상의 한계를 인정하고 현실에 종속되거나 변질이 일어나면 악마 카드-토성이 구현한 현실 속에 갇히거나 일방적이고 소비 지향적 쾌락에 파묻힐 수 있음을 경고한다.

세계 카드는 이런 부정적 요소 또한 세상 속에 늘 내재함을 역설한다. 어떤 이상이라도 그 속에 모순이 있으나, 이를 인정하고 그대로 두는 순간 자신을 쇠락시킬 수밖에 없음을 보여준다. 어떤 이상도 지켜내려 치열하게 애쓰지 않으면 성립할 수 없음을 시사하며, 이런 현실에 매몰되면 자신의 기회가 박탈됐다는 사실도 모르는 채 자신을 잃어버릴 수 있음을 의미한다.

바포메트Baphomet

본래 십자군 원정 때 단순히 이교도의 신을 일컫는 단어였으나, 성전 기사단 Temple Knight이 프랑스의 왕 필리프 4세를 탄압하고 이단 심문을 하던 과정에서 언급하며 크게 다뤄지기 시작했다. 그들은 바포메트의 우상을 숭배한 죄로 강제 해체 및 화형됐다.

〈멘데스의 염소〉, 『고등 마술의 교리와 의식*Dogme et rituel de la haute magie*』의 삽화

그러나 제대로 된 묘사나 기원이 불명확한데, 가장 잘 알려진 설은 이슬람교의 창시자 무함마드를 오기한 것으로 알려져 있으며, 나아가 그노시스파가 추종하는 소피아(=지혜)의 애너그램으로도 알려져 있다.

19세기경 엘리파스 레비가 본격적으로 조명하며 현대에도 영향을 미치는 이미지가 완성됐다. 그는 바포메트를 멘데스의 염소The Goat of Mendes로 표현했는데, 멘데스는 곧 이집트의 그리스식 명칭이며, 이 근거로 헤로도토스의 서술을 빌려온다.

이는 고대 그리스-로마 시기 바쳤던 신성한 제물의 하나인 염소의 긍정적 이미지가 다른 종교에 배타적인 기독교의 영향을 받아 변질된 것으로 보이며, 이 과정에서 목신牧神 판Pan의 난잡하고 익살맞은 행위들을 부정적으로 묘사해 덧붙이고 풍요의 뿔Cornucopia을 비하해 삽입한 것으로 추측되나, 명확한 근거는 없다.

XVI. THE TOWER.

탑

급변

Impact, Shock

기존의 모든 것이 뇌성벽력 같은 충격으로 부서짐을 의미한다. 모든 이가 자신의 역량과 기반에 따라 살아나갈 수 있는지 여부를 판가름하며, 이를 통한 승자 독식의 구조까지도 의미할 수 있다. 탑은 인식의 결계를 뜻한다. 이 결계 바깥에서 온 충격으로 급변이 일어난 뒤에도 살아남으면 완성을 향한 다음 과정을 밟게 되며, 동시에 개인의 완성을 넘어 타인에게 영향을 끼칠 수 있는 역량을 갖추게 된다. 반대로, 현실화에 실패해 자신의 이상이나 현실이 악마에 종속되는 상태에서는 스스로 쌓아올린 모순이나 안주하고 방비하지 않았던 것으로 말미암아 무너져 내리는 상황으로 치닫는다. 이런 관점으로 결국 카드의 긍정적 의미와 부정적 의미 모두 급격한 변화를 의미한다는 걸 알 수 있다. 다만 그 입장이 어떤 상태인지에 따라 새로운 패러다임의 제시나 일확천금부터 시작해 기존 체제의 붕괴와 패가망신 같은 극단적 경우로 드러난다는 점이 다를 뿐이다.

왕관 카발라적 의미로, 발출의 케텔을 즉물적으로 묘사한 것이다.[156] 따라서 탑이 어떤 모습과 의미를 부여받는지를 더욱 강조해 묘사됐다. 또한 번개가 내려치면서 생각이나 사상을 발출하는 기관을 의미하는 왕관이 극명하게 변화하는 것을 의미하고, 그로 말미암아 벌어지는 상황(사람들)을 묘사하고는 장치로 쓰였다.

불꽃 고대 히브리문자 요드Yod(י)를 뜻하며[157], 황금새벽회의 비의적 주장과 맞물려 이 카드에 배정된 철자인 요드를 표현했다. 이 불꽃 중에서 왼쪽에 몰려 있는 불꽃은 히브리문자 눈Nun(נ)의 모양새를 띤다. 또한 불꽃 자체의 철자는 요드Yod로 테트라그라마톤의 첫 철자를 구성한다. 번개를 내려친 것이 위대한 신의 의도임을 나타내는 요소로 배치했다. 이는 왕관과 맞물려 거대한 의지를 통해 발출이 이루어졌음을 뜻한다.

번개 원형적으로 외부에서 개입하는 초자연적이고 숙명적인 충격을 뜻하며, 이로 얻은 깨달음을 상징하기도 한다.[158] 카발라에서 지식의 나무에서 전달·전파되는 영성을 뜻하며, 이로 인한 사람들의 변화와 충격을 표현한다.

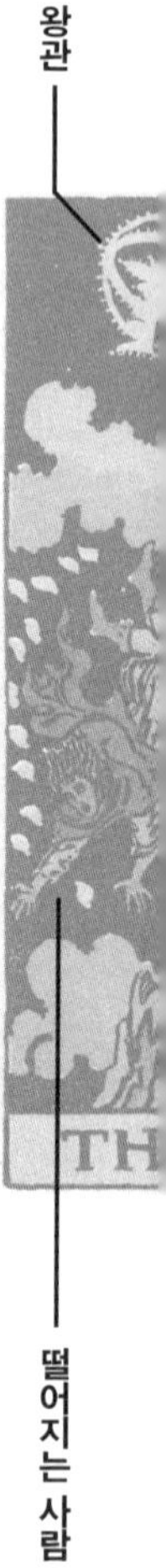

떨어지는 사람 갑작스러운 상황으로 급격한 변화가 일어남을 뜻한다. 육신으로 체화돼 있던 것들을 충격이나 깨달음 또는 탐구와 수련을 거쳐 그들이 원하던 진실, 또는 신에게 닿으려는 노력의 결과, 또는 최종 결론을 보여주는 장면으로 묘사했다.

불타는 창문 창문 셋은 불을 뜻하는 히브리어 쉰Shin(ש)을 의미하고자 불꽃을 덧그렸다.[159] 카발라 상징으로 번개를 통해 인성/지성을 받아들인다는 뜻으로 삽입됐다. 전달받은 지성(번개)을 자신의 몸-지식으로 받아들여 일체화하는 과정으로 묘사된다.

탑 탑이 뜻하는 원형상징은 어떤 관념이나 인식 자체의 구현을 뜻한다.[160] 탑은 관념을 지시하는 어휘로 범주가 넓어져 카드의 기본 의미 위에서는 포괄적으로 활용될 수 있다. 죽음 카드와 달 카드에 나온 탑과 비슷한 맥락에 있다.

탑의 어원 TURRIS는 '높게 지어진 사각형 건물'을 뜻한다. 그리고 TURRIS의 어원인 TORR는 '하늘에서와 같이(땅에서도)As above(as below)'의 의미를 띤다. 이는 '위와 같이(아래에서도)'라는 뜻을 함축한다. 이 카드는 '수직 관계'에서 일어나는 일방 작용을 표현하는 카드이며, 곧 '상승'과 '추락', '승천'과 '하강' 등 수직적 가치만 지님을 뜻한다. 다시 말해, '높은 곳'이라는 장소적 특징의 위상 변화를 표현하는 카드다. 이는 TURRIS의 변형된 의미가 '위와 같이' 또는 '위에서와 같이' 등 높은 곳이라는 장소의 특징을 지칭하는 쪽으로 발전한 것에서 드러난다. 높이를 바탕으로 암시하는 의미는 두 가지다. 탑이라는 상징 자체의 '관념의 견고한 구축'과, 힘의 '강림'을 통해 겪는 '급변', '하강', '추락'이다. 일종의 정신적 수직 운동이라 할 수 있다.

따라서 카드의 상징과 의미 구조는 크게 견고한 구축을 뜻하는 '사각형 탑'과 초자연적 충격의 개입을 뜻하는 '번개'로 이루어진다.

사각형은 완성된 세계를 상징하지만, 불완전함과 파괴될 수 있음을 암시함으로써, 신념이나 철학 또는 고정관념이라는 의미도 내포한다.* 사각형의 토대는 철저히 관념을 현실에 구현한 실체이며, 높은 곳에 있는 인물은 자신의 방식으로 이를 구축했다. 그러나 그것의 부조리는 본인이 인지할 수 없으며, 탑 고유의 상징체계 때문에 본인의 인식 영역이 그만큼 축소되지 않았는지 점검해봐야 한다.

이 카드의 상황에서 등장하는 '충격(번개)'은 초월적 섭리이며, 개인의 능력으로 완벽히 대처할 수 없다. 충격은 순식간에 일어난다. 번개의 영향으로 탑 카드는 혼돈과 공황이라는 뜻도 지니는데, 상황을 제대로 인식하지 못하거나 대비하지 못해서 떨어지는 사람들에게 초점을 맞춘다. 탑 카드가 일으킨 변화에 적응하지 못하면 변화가 기존의 관념, 의미, 업적을 한 번에 앗아갈 거대한 충격이 될 수 있음을 보여준다. 그렇기에 사전에 방비할 수 있는지 파악하고 충격을 견뎌내거나 축소해 카드의 영향력을 견뎌내야 함을 보여준다.

* 수비학적으로 4는 '세계의 완성'을 뜻하지만, 이는 인간 또는 자연적으로 이루어지는 것이고 변형이나 가변할 수 있다. 물론 불완전성도 배제할 수 없다. 특히 서양 수비학에서 초월적 완성으로서의 의미를 지닌 숫자는 7과 10이다.

한편으로 이 카드에는 깨달음과 자각 같은 긍정적 뜻도 포함돼 있다. 번개는 원형상징적으로 돈오頓悟를 뜻한다. 한순간에 자신을 얽매던 고정관념이 산산이 부서진다는 뜻이다. 카드에 산재한 카발라적 상징은 이런 '깨달음'의 원천과 환경에 대한 은유로 제시돼 있다.

탑 카드는 모두가 쉽게 인식하는 위험성과 그에 따른 부정적 묘사를 넘어, 변화에 확실히 대처하거나 역경을 이겨나갈 때 과거와 완전히 다른 새로운 시각과 새로운 세계로의 도약을 약속하기도 한다.

연금술: 화성-철 화성이 의미하는 공격성을 통해, 질료는 이제 산산히 부서져 내려감을 뜻한다. 그림을 통해서도 악마 카드의 과정을 통과하며 변성된 질료를 부수는 모습을 적나라하게 표현했으며, 이 '충격'은 죽음 카드의 충격과 격이 다른 파괴를 수반함을 보여준다. 이 과정에서 탈락한 성질/요소/부분은 사멸한다. 질료의 기존 성질은 모두 사라지며, 순수한 정수만이 가루로 화하는 과정을 다룬다.

탑 카드의 본래 명칭은 신이 거하는 곳La Mansion Diue이었으며, 탑 자체는 연금술사의 표상이었다. 그노시스 비의에 따르면 모든 사물/생물/질료에는 신의 숨결이 내재하며, 진정한 진리를 깨닫는 과정은 내면에서 신의 숨결을 찾고 이를 통해 세상을 떠나 신의 진리를 일깨우는 과정이라 표현된다. 그림을 통해 본다면, 탑 카드에서 떨어지는 사람들은 탈락해야 마땅한 것을 뜻하며, 벼락-신성한 의지/작업자의 의지는 악마 카드에서 변성된 육신과 혼을 내리쳐 불순물을 전부 부수고 영의 정수를 유지해야 함을 강조한다. 이는 카드의 키워드인 (외부의)충격으로 이어진다. 카드가 드러내는 진정한 조언, 충격에서 살아남고 이겨낸 자들만 완성을 향해 나아갈 수 있다는 점을 강조한다. 이 조언은 또한 마땅히 신이 거해야 하는 곳을 깨끗이 정화해 일신하는 과정을 담았다.

카발라: 자비(네자흐) → 위엄/영광(호드) '자연의 지성'

이 경로에서 일어나는 작용을 통해 태양 궤도 안에 있는 것들(빛, 어둠, 물, 하늘, 땅 등)이 완전하게 완성된다고 여겨진다. 이는 세피로트 구조상 네자흐의 의미가 태양과 달이 창조된 네 번째 날을 의미하며, 호드의 의미가 바다와 하늘의 생물이 창조된 다섯 번째 날을 의미한다는 점에서 이 통로에 대한 설명을 이해할 수 있다. 이는 어떠한 공간 안에서 신 자신이 의지를 표출함으로써 세상을 만들고 동시에 최초의 유혹과 시험을 통과하지 못한 존재를 일소하는(죽음~악마 카드 참고) 장면을 그림에 묘사한 것이다. 또한, 이 내용을 이 덱의 의도대로 이해한다면, 거짓된 감옥에서 벗어나려 스스로 벼락을 내리치거나, 신성이 임해 거짓된 육신에서 탈피하는 과정이기도 하다.

이제 이 단계 뒤에는 우리가 제대로 알지 못하는 개념들로 나아가리라는 것을 보여준다. 바로 땅 위 세계와 인간이 주재할 수 없는 것들에 관한 내용이다.

♂ **점성술: 화성** 화성은 발출되는 힘의 상징이자 그로 인해 발생하는 무질서함을 동시에 의미한다. 이 카드의 주된 키워드인 혼돈의 의미는 이와 상통한다. 이 과정은 결국 자신을 가로막는 벽을 부숴 새로운 단계로 나아가는 작업이지만, 이 충격을 견뎌내지 못하거나 피폐해지면 행성의 부정적 면모가 그대로 드러난다.

이런 의미가 어떤 방식으로 드러나는지 확인하려면 이 행성이 지배하는 전갈자리와 양자리의 의미를 확인해야 한다. 화성의 투쟁심이 자기중심적인 양자리의 성격에 의해 지나칠 정도로 활발함을 띠며, 그 충격의 파장이 내밀한 곳까지 가해질 수 있음을 전갈자리를 통해 보여준다.

이는 곧 카드의 키워드인 '충격'과 '혼란'으로 확인할 수 있다. 양자리는 황제 카드에 대응한다. 양자리-황제 카드는 자신의 목적을 이루고자 기존 체제를 부수는 모습으로 표현된다. 전갈자리는 죽음 카드에 대응하는데, 내부의 모든 것을 말끔하게 일신하는 모습으로 이해할 수 있다. 모든 모순을 청산하는 미증유의 힘을 통해 세상 전체의 변혁으로 진행하여, 탑 카드의 역할을 더욱 긍정적으로 받아들이게 된다.

또한, 화성이 활성화되는 별자리인 염소자리-악마 카드에서 더욱 명확한 목적의식을 드러낸다. 기존의 부조리가 산적한 상황에서 화성-탑 카드의 투쟁심과 파괴력은 명분을 얻게 되며, 타성에 젖은 채 고정된 현실을 완벽하게 부숴 새로움을 가져다줄 수 있다.

그러나 타인의 희생을 강제해 변혁을 주도하려 하거나, 그 명분에 아무도 동조하지 않는다면, 이 모든 작용은 부정적으로 발현될 수밖에 없다. 이는 카드의 부정적 키워드에서 명확하게 드러난다.

XVII. THE STAR.

별

새로운 경지, 훨씬 더 높은 경지로 나아감

Renewal

이 카드는 경지를 넘어선 자들이나 자신의 능력을 현실화하는 데 성공한 사람들이 올라서는 장소를 표현했다. 이후 이런 과정에서 이루어지는 것들을 묘사하면서, 단순한 증명과 현실화를 넘어서려는 노력이 어떻게 이루어져야 하는지도 함께 보여준다. 그렇기에 긍정적 의미에서 별 카드는 이제 다른 이들과 명백히 수준이 다름을 직설적으로 보여주며, 이로써 최소한 자신과 같은 분야나 목적 또는 가치를 추구하는 사람에게 자신이 우상화되는 것을 의미한다. 또한, 자신의 목표로 이루고 스스로 활동할 공간을 얻어낸 작업들 모두가 이에 속한다. 그러나 별 카드는 단계에 들어섰음을 묘사할 뿐, 그것이 어떻게 세상에 드러날지는 전혀 결정되지 않은 상황이다. 여기서 '기약 없음'과 같은 부정적 키워드가 추출된다. 이 카드에서 도달한 장소는 노력 없이 이루어지지 않으며, 우연만으로 얻을 수 없다는 점에서 '달성'의 새로운 국면을 보여준다.

여인 여인의 나신은 고결하고 무구함을 상징하며 대지모 신의 역할을 하고 있다는 암시다.[161] 그녀의 자세는 스와스티카의 순환 운동을 상징하며 생명의 순환, 탄생의 유도를 의미한다.[162]

별 이 별은 야코프 뵈메의 상징으로서 '태모의 존재로서의 눈과 창조의 별'을 뜻한다.[163] 중앙의 노란 별이 '태모의 존재로서의 눈'이며, 흰 별은 창조의 7일을 뜻하는 기독교적 카발라주의의 고전적 상징이다. 여기서 팔각성八角星은 절기 순환의 별Wheel of the Year로[164] 유대교에서 시간 순환과 섭리의 진행을 뜻하고, 이는 7이라는 숫자와 결부해 창조의 7일과 순환의 8을 뜻하도록 설계돼 있다. 별은 이 장소가 창조의 비밀을 드러내는 고차원적인 곳임을 드러낸다.

토라Torah/Torra 이 새는 유대교 신비주의의 관점에서 토라로 해석하는 것이 가장 합당하다. 이는 유대교 신비주의 속의 생사관이 상징하는 바를 그대로 묘사한 것이다. 카발라 전통에 따르면 이 새는 육신의 껍데기를 벗고 기나긴 동굴을 지나온 영혼에 '비밀스러운 곳에 이르렀음'을 알리는 안내자 노릇을 한다.[165] 이들은 영혼을 세 가지로 나누었으며(루아흐ruach, 네샤마neshama, 네페시nephesh) 이 중 네샤마/네페시가 7일/1년이 지났을 때까지 무덤 위를 지키던 새인 토라가 영혼과 함께 승천하며, 토라가 길을 안내해 이스라엘의 선조가 영면한 막벨라 굴로 죽은 자를 인도한다. 그 뒤, 토라는 다시 무덤으로 돌아가며, 죽은 자의 네샤마/네페시는 낙원, 곧 에덴동산의 입구에 도착해 동산에 들어설 정도로 의롭게 살아왔는지를 천사들에게 평가받는다. 다시 말해, 토라는 이곳이 지상과 다른 개념의 세상에 막 다다랐음을 묘사하는 장치다. 그들이 여정 끝에 도달한 장소가 다른 차원의 공간임을 뜻한다. 이 카드에서 토라는 '이곳은 일반인이 올 수 없는 고차원적 장소이며, 자신은 그 길을 인도하는 길잡이'임을 뜻한다.

토라

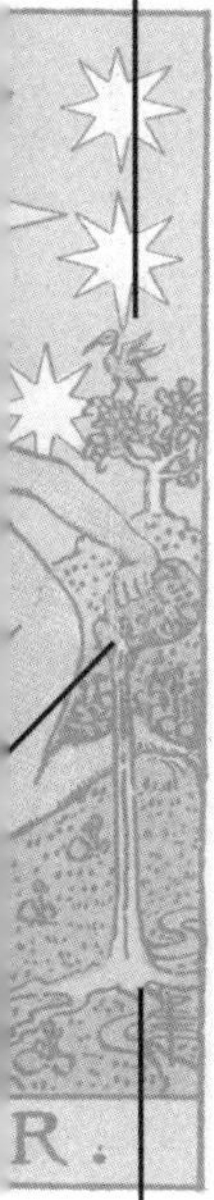

지상에 내려지는 물

호수 모든 생명의 근원을 뜻한다.[166] 이는 여인이 천상에서 유구히 생명력을 전해주는 것과 연결된다. 또한 절제 및 심판 카드에 나타나는 호수의 근원이 이곳에 있음을 확인할 수 있다. 이는 이 여인이 내린 것을 추출해 정수를 얻는 과정으로(절제 카드) 또한 완성에 도달해 모든 정수가 모이는 모습으로(심판 카드) 같은 성질/의미를 갖는다는 걸 알 수 있다. 이로써 세상의 모든 생명에게 힘을 전하는 것을 표현해 여성의 상징적 위상을 끌어올린다.

물병 두 물병은 각각 신성과 감각을 사람들에게 내려준다는 의미이며, '영적 물을 대지에 부음'으로써 생명의 세례를 뜻하기도 한다.[167] 본래 물병의 물을 흘려주는 도상은 물병자리의 전형적 상징이며, 여기서는 호수에 퍼지는 파문과 지상을 적시는 물줄기의 흐름을 통해 간접적으로 묘사돼 있다.[168]

꽃 핀 초원 축복받은 땅Blessed Land을 뜻하는 전형적 도상이며, 전통적으로 꽃이 핀 축복의 장소는 '엘리시온Elysion의 들판'으로 묘사돼왔다.[169] 엘리시온의 들판은 그리스신화에서 죽은 자들이 찾아가는 낙원이지만, 여기서는 카발라적 상징을 통해 이곳이 기독교적 낙원, 에덴동산을 뜻하는 것으로 변환돼 있다.

지상에 내려지는 물 축복받은 대지에 물을 내려 에테르를 비롯한 모든 원소와 구성물에 힘과 기질들이 주어지는 것을 뜻한다.[170] 이로써 여인의 위상을 끌어올리면서 그녀가 어떤 존재인지 묘사한다.

별 카드의 환경은 기존의 기반이나 관념을 부숴버릴 정도의 충격을 던지거나 이를 견뎌내는 데 성공하면 나타나는 새로운 광경을 뜻한다. 이 카드는 특히 유대교의 생사관을 중심으로 추상적 개념들을 상징성 있게 묘사했으며, 그 의미는 49재(사후 장례식)와 비슷하다. 다시 말해, 장례를 통해 생애에 어떤 과오나 선업이 있었는지 판결하는 동안 좋은 결과가 있기를 빌어주는 과정이다. 이 메시지가 생사관뿐 아니라 생애, 작업, 진로 등 인과관계가 있는 모든 '작업'에 해당한다고 볼 수 있다.

또한, 이 카드를 있는 그대로 받아들이면 사후세계를 묘사한 것으로 볼 수 있으나 단순히 사후세계와 내세를 표현했다기에는 '창조'와 '영감', '생명'과 관련한 상징이 많다. 이는 카드의 의미가 새로운 경지로 나아감을 암시한다. 모든 상황은 과거와 확연히 달라지며, 시도할 수 있는 것의 성격도 완전히 바뀐다. 내면은 이미 고차원, 높은 경지에 다다랐음을 뜻하며, 어떤 분야나 세상에 주목받기 시작한다는 뜻도 있다. 또한 아직 올라서지 못한 사람들에게 비전을 보여주거나 목표가 돼(스스로 별이 됨으로써) 남을 선도先導하는 것으로 나타난다. 이 의미는 은둔자 카드의 등불 속 별과 상징 의미를 공유한다.* 기존에 알려졌던 희망이라는 키워드는 이런 비유에서만 한정적으로 사용될 수 있다.

카드의 상징들은 이 상황에서 완성에 다다르려면 갖춰야 할 것들을 표현한다. 별들은 새로이 창조할 수 있는 비전을, 여인은 비전을 통해 사람들에게 자신이 이룩한 것이나 자신의 이상을 나누어주고 영감을 부여하는 것으로 표현돼 있다. 또한 다른 이들과 차별성을 두고 스스로 완성을 향해 나아가야 함을 보여주는데, 죽음이라는 철저히 개인적인 경험이 필요한 '토라'라는 새를 배치함으로써 여기에 주관적 경험과 수련이 필요함을 압축해서 설명한다. 그리고 자신의 완성을 다른 존재에게 증명하려면 어떤 과정이 남았는지 다음 단계

* 다만, 은둔자 카드의 별은 육망성으로, 인간세계 안에서 승천하려면 마법적 수행이 필요한 것과 달리, 별 카드의 팔각성은 이미 초월적 단계에 진입해 세계의 섭리에 감응하고 있다는 점에서 별의 위격이 바뀌었음을 알 수 있다.

로 볼 수 있도록 했다.

별 카드의 부정적 키워드는 기약 없고 덧없는 카드의 본 의미 말고도 목표를 달성한 뒤에 오는 도태에서 찾을 수 있다. 이는 주로 자신을 좇는 대중을 기만하거나 격리하는 경우로 드러난다. 새로운 유입을 막거나 접근이 어렵도록 자신들의 격을 애써 높여 보이려는 무의미하고 악의적인 의도로 가득 차서 별다른 비전도 없이 폐쇄적 집단의 형태만 유지하는 모습으로 드러나며, 결국 스스로 정체돼 타인과 격리된 상태로 전락할 수 있음을 경고한다.

연금술: 증식과 사영 탑 카드를 통해 분쇄된 질료를 증식하는 과정과, 다른 질료를 현자의 돌로 바꾸는 재료로 완성해 다시 투하하는 사영의 단계로 향하는 과정을 묘사하고 있다. 탑 카드의 분쇄를 거쳐 살아남은 것을 증식하는 모습은 이곳이 축복받은 대지이자 그만한 노력 또는 업적을 달성하지 않으면 다가올 수 없는 곳으로 묘사한 것을 통해 알 수 있으며, 나아가 그만큼 신비한 과정임을 드러낸다. 그리고 이렇게 살아남은 재료를 증식해 본래의 질료보다 훨씬 많은 여러 기저 금속을 변화시키면서도 본질을 훼손하지 않도록 조치하며 총량을 늘려감으로써 연금술 작업의 막바지를 장식한다.

카발라: 승리(네자흐) → 발출(이소드) '활동적인 지성'
가장 높은 곳에 있는 모든 천체가 만들어지고, 이것들이 펼쳐내는 모든 역량과 활동이 어떻게 진행될지를 천명한 곳이다. 이로써 별 카드에서 묘사한 장소가 단순히 지상 어딘가에 숨겨진 곳이 아닌 천상임을 재확인할 수 있으며, 더 나아가 이 에너지들이 무한히 흐르고 있음을 알 수 있다. 신의 의지가 완벽히 발휘된 공간 안에서 이 작용들을 통해 다양한 형상과 변화와 운동이 일어남을 묘사한다. 또한 위에 존재하는 모든 것의 창조가 끝나면 아래에서 이루어지는 창조 과정이 이어지리라고 예고하는 단계이기도 하다.

♒ **점성술: 물병자리** 카드가 의미하는 '새로운 경지'나 '높은 수준에 다다른 것'이 어떻게 이루어졌는지 표현하고자 배치됐다.

거대한 충격(탑 카드 참고)을 견뎌내고 자신의 이상을 현실화하는 데 성공하고 나면 타인과 다른 경지에 닿으며, 이로써 자신의 개성을 타인에게 표출할 수 있음을 드러낸다. 그와 함께 자신이 일궈낸 것과 같은 길을 가는 이들에게 우상과 같은 의미로 다가갈 수 있음을 뜻한다. 부정적인 의미로 이 별자리의 영향력이 발휘된다면 타인의 비판과 질시를 받거나, 주목받지 못해 잊혀지거나, 축출당하는 모습으로 드러난다.

이런 특성이 어디에서 기원하는지 확인하려면 이 별자리를 지배하는 행성인 토성의 의미를 확인해야 할 것이다. 이는 곧 세계 카드에 대응한다. 천왕성을 발견한 뒤로 연구가들은 천왕성을 지배하는 곳이 물병자리라고 주장하기에, 천왕성에 대응하는 카드인 바보 카드의 의미도 참고할 필요가 있다.

토성은 악마 카드에서 언급했던 부정적 모습이 카드의 키워드를 통해 해소된 상태로 표현되는데, 이는 이상 구현이 완료돼 다른 이에게 자신의 이상을 무한히 표출해냄을 표현한다. 이는 물병자리를 표현하는 도상인, 물병에서 물을 흘려주는 모습으로 드러난다. 이를 부정적으로 본다면 이상을 구현해냈음에도 타인과 공감하지 못해 격리당하거나 타인의 접근이 불가능해진 모습으로 나타난다.

천왕성은 다른 행성과 자전축이 다르기에, 연구가들은 별나고 엉뚱하며 참신하고 괴팍한 예측 불가의 이미지를 지닌다고 여겼다.

이로 인해 천왕성은 기존 체제의 질서와 관념에 대한 집착을 부수며 시대의 흐름을 새롭게 이끌어가는 성격이 있다는 주장이 보편적으로 퍼져 있다. 그렇기에 전통적인 토성이 가지고 있는 것과 비슷한 의미를 부여할 수 있으나, 더 진보적인 모습으로 성향이 드러난다는 점과 더불어 그만큼 남들이 접근하기 힘들거나 호불호가 갈릴 수 있다는 점이 부각된다.

이런 천체의 의미를 통해 구현된 이상을 널리 퍼트리려면 무엇이 필요한지는 카드의 그림에서 묘사돼 있다. 각 천체에 배정된 세계 카드-토성, 바보 카드-천왕성은 구현된 이상이 어떤 목표를 지향해야 하는지 알 수 있다. 세계 카드는 비록 움직임이 없고 모순이 가득하더라도 세상 속에서 끊임없이 개선을 요구하고 이끌어나가도록 사람들에게 빛을 비추어야 한다는 점을 드러낸다. 바보 카드는 이상을 구현해 세상을 이끌어나가려면 바보 같은 모습을 보이더라도 순수한 자신의 이상을 향해 나아가야 함을 보여준다.

태모의 존재로서의 눈과 '창조의 별'

라이더-웨이트 덱은 황금새벽회에서 제작했으며, 종교철학적 부분에서는 회원이었던 윌리엄 버틀러 예이츠William Butler Yeats가 깊이 관여했다. 낭만주의 시인이자 가톨릭교도였던 그는 사상적으로 노발리스Novalis에서 시작되는 독일 초기 낭만주의 철학에 지대한 영향을 받았는데, 노발리스의 종교철학과 미학의 핵심을 이루는 마술적 관념론은 독일 신비주의 철학의 대가인 야코프 뵈메에 기반한다. 따라서 타로카드에서도 야코프 뵈메의 영향력이 직간접적으로 드러나는데, 이 카드의 별은 가장 대표적인 야코프 뵈메의 흔적이다.

Bedencken
über
ESAIÆ STIEFELS
Büchlein:
Von Dreyerley Zustand des
Menschen/ und dessen Newen
Geburt.
Geschrieben Anno Christi 1621.
Von
JACOB BÖHME,
Sonsten Teutonicus Philosophus genannt.

Zu Amsterdam/

Gedruckt im Jahr Christi/ 1682.

이 도상은 '태모의 존재로서의 눈과 창조의 일곱 별'을 치환시킨 상징이다. 뵈메의 『인간 삼중첩 상태와 새생명에 대한 구두장이의 소론*Von dreyerley Zustandt des Menschen uund dessen newen Geburt*』(1621)의 표지에 그려진 도상으로, 창조의 비밀을 상징화한 엠블럼이다. 일곱 별은 창조의 7일을 뜻하며, 중앙의 눈은 '태초의 깜빡임'으로 카발라에서 '발출의 케텔'을 상징한다. 타로카드에서는 '태모로서의 눈'을 노란 별로 치환했으나 맥락은 같다.

팔각성Eight-point star(Wheel of the year)

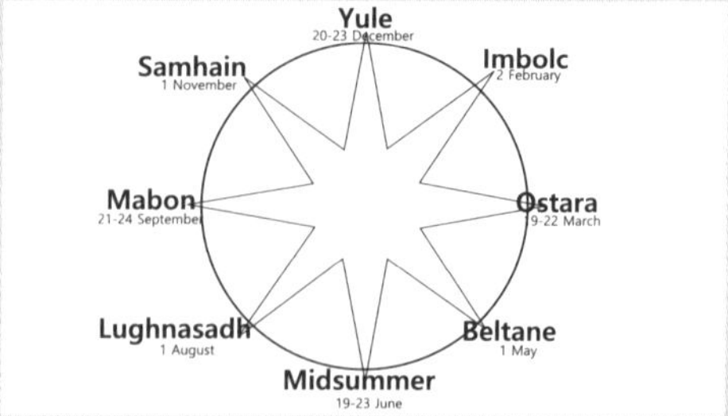

별 카드에는 팔각성이 그려져 있다. 이 상징은 매우 중의적이고 복합적으로 구성돼 있는데, 카드의 키워드와 관련해서는 크게 두 가지의 엠블럼으로 압축된다. 첫 번째는 '절기 순환의 별'로, 1년이 8개의 균등한 주기eight-fold로 완성되는 시간의 순환성을 상징한다. 특기할 사실은 이 '절기순환의 별'의 상징적 기원은 기독교가 아니라 켈트 드루이드교에 있다는 점이다. 초기에 이 '절기순환의 별' 상징은 켈트 드루이드교에서 쓰이는 토착 상징이었으나, 영국에서 중세를 거쳐 기독교 문화와 혼합하면서 정착됐다가, 19세기 낭만주의 운동과 함께 다른 방식으로 혼합되면서 부활한 것으로 보인다.

두 번째로 '세례 십자가'를 상징화한 이미지로 해석할 수 있다. 세례 십자가Baptimal cross는 기독교에서 순교와 죽음의 상징인 십자가+와 부활을 상징하는 메시아×를 교차해 만든 상징으로, 팔각성 모양이다. 세례를 통해 기존의 삶이 끝나고, 영적 새 생명을 얻음을 상징하는 표장이다. 별 카드의 팔각성을 세례 십자가 의미로 해석하면, 여인이 물병에서 붓는 영적 세례를 통해 이 세상이 완전히 새로운 영적 에너지로 다시 태어남을 뜻하기에 카드의 기본 맥락과 완벽하게 맞아떨어진다. 이 세례 십자가는 '영지 십자가Gnostic cross라고도 부른다.

XVIII. THE MOON.

달

무의식

Unconsciousness

달은 전통적으로 무의식과 내면 원리를 상징해왔다. 따라서 이 카드는 불안정, 불명확 등의 불안과 잡음 대부분에 관한 이야기를 담고 있다고 여겨진다. 이를 통해 우리가 의식하며 남들에게 내비치는 인격적인 모습은 교육으로 끊임없이 경각심을 가져야 할 필요가 있음을 보여준다. 이 카드는 무의식을 통해 발현되는 모종의 상황, 행위, 의미 들을 지칭한다. 무의식이 벌이는 행위에 모두가 당황할 수 있으며, 심지어 그 행위를 한 자신도 이유를 설명하지 못하거나 부인할 때가 많은 것이 무의식적 행동의 특징이다. 그렇기에 긍정적 면모를 찾기 어려운 카드이기도 하다. 그러나 한편으로는 자신의 힘이 부족한 상황에서 다른 이나 조력자/동조자를 만들어 대적大敵을 상대할 수 있다는 뜻도 담고 있다. 또 한 가지 긍정적 키워드는 감정적으로 불완전함을 표현함으로써 은연중 공유되는 무의식에 접촉해 성공을 거두는 경우다. 모두의 안에는 의식이나 본능을 넘어 무의식적 공포가 도사리고 있으며, 이를 자극해 본인이 얻으려는 바나 명성을 끌어올 수 있다. 이는 모두가 공통적으로 인식하는 미지의 것을 풀어냄으로써 공감을 이끌어내는 것과 같다.

두 개의 탑 인간의 외부와 내부를 가르는 의미로 쓰였으며, 우리가 인식하는 것의 경계선이다.[171] 이로써 실제 사람들이 외부에서 보이지 않는 것들을 묘사한다. 일반적이고 상식적인 것들을 간주하려는 경향을 보여준다. 이 탑은 또한 죽음 카드에서 보이는 탑이며, 이를 통해 매달린 자-죽음 카드가 의미하는 통과의례의 과정에서 달 카드가 보여주는 것을 겪게 된다는 점을 드러내는 장치다.

태양과 달 보름달과 초승달이 같이 존재하는 달은 연금술적으로 남성성과 여성성의 총화를 뜻하며, 이를 통해 감정 자체를 표현하기도 한다.[172] 또한 누구에게나 양면성이 있음을 뜻한다. 이는 연금술적 의미로 완성에 해당하는 단계임을 의미하고, 그 과정에 침잠하며 표변해 완성을 향한 과정임을 보여주는 장치다.

불꽃 불꽃은 작가가 삽입하려 했던 그노시스파의 수련 흔적이다. 이 단자(單子, Monad)들의 수는 달 카드에 배정된 히브리문자의 순서를 뜻한다. 또한 이 불꽃들(또는 이슬들)을 묘사함으로써 양성구유를 의미하는 달의 모습이 실제로 드러남을 보여준다.

영역 이 카드에서는 두 개의 탑을 경계로 타인에게 비치는 모습(달)의 영역과 내면에 존재하는 의식과 무의식(늑대, 개, 가재)의 영역이 구분돼 있다. 이는 의식의 두 영역을 상징하며, 의식(달)이 잠든 상태의 무의식 단계로 접어들었음을 보여준다.[173]

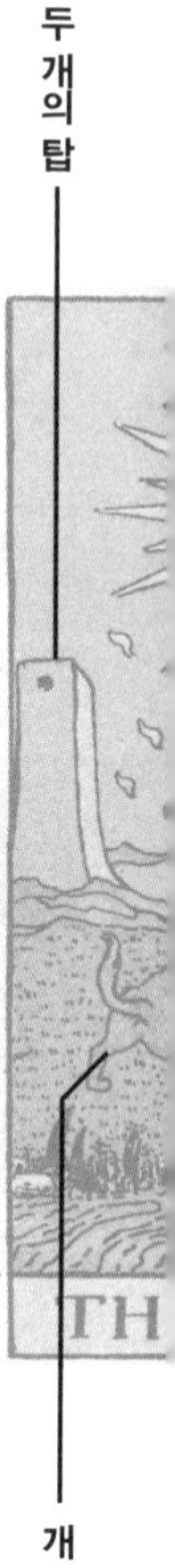

개 길들여진 개는 우리가 교육을 통해 사회나 법을 인식하고 선을 지키는 이성적 모습을 상징한다.[174] 이런 모습을 밖으로 내보여 사회에 속하고자 쓴 가면 같은 의미를 지닌다. 또한, 연금술적 의미로 준비된 질료를 뜻하며, 이를 통해 연금술적 작업이 이루어지고 있음도 뜻한다.[175]

가재 보통 전갈로도 묘사되나 가재도 같은 상징을 공유한다. 호수 밖으로 나오려는 가재는 무의식과 본능을 넘어선 차원의 두려움이다.[176] 불안정성과 불확실성과 불규칙성을 띠는 수많은 충동의 집합이며, 늑대와 개는 동시에 이러한 가재의 속성을 의식적으로 이해할 수 없다. 이는 또한 연금술적으로 질료 자체에 내재한 정수가 드러남을 의미한다.

길 이는 카발라주의의 길을 표현한 상징이며, 이제 관문 너머의 완성을 향해 나아감을 뜻한다. 이에 더해 무의식을 통해 이를 일체화해 완성으로 나아갈 수 있다는 연금술적 의미도 덧붙인다. 메이저 카드에서 드러나는 '길'은 대부분 카발라주의와 깊은 연관이 있다.[177]

늑대 자신의 욕구와 감정을 숨기지 않으며, 외부에서는 이해하기 어려울 지극히 내면적인 부정확성과 야성을 상징한다.[178] 이는 혼자 있을 때와 같이 제한적인 상황에서는 자의적 해석을 통해 자각한 욕구를 그대로 드러내는 의미로 쓰인다. 이 또한 연금술적 의미로서 길들지 않은 개(늑대)를 표현해 그 안에 있는 야성적 기질이나 결과물에서 걸러낼 수 있는 불순물을 의미한다.

달은 원형상징적으로 가장 거대한 무의식 원리이며, 무의식의 지배자로 상징돼왔다.* 침잠沈潛하는 상태를 통해 자신이 모르는 무의식의 세계에 들어섬을 뜻하며, 이 안에서 겪는 다양한 경험이 주는 생경함을 느낌으로써 자신의 공포에 준하는 불안함과 마주하는 것이다. 이를 통해 목표를 성취하거나 일정 이상의 경지에 오른 사람은 이 단계에 이르러 스스로 달성한 것을 관조함으로써 더욱 깊은 정수를 만들어낸다. 이 과정에서 자아의 심연과 만나지만, 정면으로 바라보기 어렵고 부정하면서 불안함을 느낀다. 이를 집합적으로 표현하는 단어가 바로 '무의식'이다.

어떤 사회집단에서도 무의식은 늘 공존하며, 그 의미를 계속 변화시키며 존재한다. 분석심리학적으로 달은 무의식의 가장 거대한 상징으로, 감정(물)을 통제하는 섭리로 규정된다. 감정과 물과 달은 모두 늘 변화하고 가려져 있기 때문에 이러한 상징체계를 공유한다.** 여기서 파생하는 불안정, 기만, 변화(환상), 변덕이 모두 카드를 형성하는 키워드에 포함된다.

이런 무의식의 공포는 카드의 가장 아래쪽에 표현돼 있다. 가재는 궁극적인 무의식의 상징체이며, 그가 움직이면서 내면(호수)에 커다란 파문과 동요를 만들어낸다. 가재는 그 자체로 이 그림에서 카오스, 융의 표현으로는 '그림자'의 화신이다. 교육받은 의식(개)이든 길들지 않은 본능이든(늑대), 모두 가재의 존재를 알아채지 못한다는 상황이 카드의 키워드를 형성하는 밑바탕이다. 정작 중요한 건 가재가 형상화한 무의식의 공포 또한 자신의 일부라는 점이다.

그렇기에 이 카드는 모든 사람에게 미지의 공포이자 궁극적으로 자신의 일부로 추함을 간직하는 요소를 정면으로 마주했을 때, 자신

* 달이 무의식에 지대한 영향을 끼쳤다는 사실은 lunatic, moonchild와 같은 어휘에 남아 있다.

** 달과 물, 죽음, 무의식, 뱀이 공유하는 상징이 신화로 드러난 대표적 작품이 『오르페우스 신화』다. 에우리디케는 '얼굴이 하얀 자'라는 뜻으로 달의 여성화한 표상이며, 오르페우스는 광기와 무의식을 집전하는 제사장으로 표현된다(진 쿠퍼, 『그림으로 보는 세계문화상징사전』의 역자 후기 참고).

이 만든 결과물의 모순을 이해하고 그것들을 배제하면서 완성에 다다를 수 있음을 의미한다. 이를 통해 스스로 떳떳할 수 있도록 불안감을 일소하는 과정이 필요함을 역설한다. 이는 자신의 내면에서 벌어지는 일임을 인정하고 극복하고 맞섬으로써 자신의 길을 걸어갈 수 있음을 암시한다.

변덕이나 여성의 월경주기 또한 마찬가지의 원리로 키워드에 적용되며 이처럼 불규칙하고 기만적인 속성은 부정적 의미로 정리될 수 있으나, 모두 자신의 일부이며 삶의 한 측면으로 인정해야 함을 권유하기도 한다.

연금술: 사영의 마무리와 황화 적화의 전단계로 인식된다. 사영 단계의 막바지에 돌은 가루로 부스러지고 종이나 밀랍에 싸여 변성할 물질에 넣는다. 또한 황화의 작용이 사영 단계와 비슷한 과정을 거치는데, 이 단계에서 이루어지는 작업은 (늘어난) 질료의 불순물을 승화/정화/걸러내어 원형에 가까운 존재로 다시 탈바꿈시키는 과정이기 때문이다. 이는 곧 질료 내부의 영혼(태양-유황)과 정신(달-수은)이 합일하는 순간이다. 이 과정을 거치면서 이제 질료는 완성되어 드러난다.

카발라: 승리(네자흐) → 왕국/세계(말쿠트) ‘물질의 지성’

이전의 경로(별 카드 참고)에서 생성된 천체들에게 물질적인 부분들이 형성되며, 배후에서 성장을 지원하는 힘이 여기에 있다고 여겨진다. 이는 곧 신의 승리(네자흐)가 이루어지는 세상의 창조(말쿠트) 과정을 뜻하며, 이 과정에서 신성이 드러남을 요드를 통해 그림에 묘사한다. 또한 신의 자비가 세상에서 구현됨을 뜻한다. 개-늑대-가재의 삼각 구도를 통해 세 번째 트리아드, 예치라/예트지라를 묘사했다. 이로써 완성이 점차 다가옴을 보여준다.

♓ **점성술: 물고기자리** 황도 12궁의 마지막에 있는 별자리로, 비현실적이고 신비하며 우리가 일상에서 실체를 보지 못하는 것들을 주관한다. 그렇기에 자신의 모든 것을 하나로 융합해 자신의 완성을 이끌어내는 장소로 기능한다고 여겨졌다. 또한 완성에 이르면 혼의 진화가 이루어지며, 만약 진화하지 못하면 재시도해야 함을 강조하는 곳으로 표현된다.

이런 의미는 별 카드의 의미를 완수한 뒤 공감을 이끌어내 무의식의 영역에 다다르고 이를 하나로 만드는 과정으로 표현된다. 그렇기에 합치될 수 없다 여겨지는 이원적 요소 속에 공통적으로 존재하는 무형적인 것을 융합하면서 완성에 다다를 수 있음을 드러낸다. 만약 이를 이루지 못할 때는 수많은 불안감과 불협화음에 시달릴 수 있음을 경고한다.

이런 모호하고 실존하지 않는 것들이 무엇을 추구하는지 확인하려면 이 별자리를 지배하는 천체인 목성과, 후대 연구자들이 물고기자리의 지배성으로 배치한 해왕성의 의미를 확인해야 하며, 이에 더해 영향을 끼치는 두 행성인 금성과 달에 대해 살펴볼 필요가 있다.

목성-운명의 수레바퀴 카드가 가지는 운명, 필연적인 전환/변화는 직접 움직일 수 있지 않으며, 거대한 흐름에 매몰되기 쉽다는 점을 강조함과 동시에 이 모든 흐름이나 변화를 주재하는 절대적 존재의 영향(또는 수많은 개인이 뭉쳐/믿고자 해서 만들어낸 모호한 분위기)의 영향 아래 놓여 있다는 점을 시사한다.

반면 금성-여제 카드의 영향이 개입하면 이런 절대적 존재 또는 모호한 분위기가 지향하는 불확실함 속에서 모두가 원하거나 추구하고 싶어하는 풍요 또는 아름다움/미덕을 선보임으로써 주변 사람들이 속해 있는 단체/사회를 응집/결집시키거나 추구하는 바를 널리 공유해낼 수 있음을 보여주기도 한다.

또한 카드의 이름인 달과의 연계를 해본다면 여사제 카드를 참고할 필요가 있다. 달 카드의 의미처럼 불안해지거나 불협화음이 발생하는 원인이 일말의 신비함과 함께 수동적으로 받아들일 수밖에 없기 때문임을 강조하며, 이는 통제하기 어려울 뿐 아니라 의식, 본능,

무의식의 통합이 이루어지는 모습이 일종의 신비 현상 체험에 가깝다는 점을 역설한다. 나아가 이 과정에서 부정적 영향을 받으면 퇴행에 가까운 불안감, 불쾌감이 생성된다는 것을 경고한다.

해왕성-매달린 자 카드가 갖는 융합과 헌신적 면모는 공감을 통해 자신을 모두에게 투사하는 것으로 나타난다. 이는 반대로 이해하자면 모든 것이 섞여 혼돈을 만들 수도 있음을 의미한다. 이는 달 카드의 불확실함을 강조한다.

물고기자리가 갖는 이상 구현의 과정을 달 카드에서는 다양하게 묘사한다. 무의식의 발현은 결국 자신이 지금까지 걸어왔던 옳고 그른 길을 스스로 마주하고, 그 빛과 그림자를 모두 인정하고 받아들여야 다음 단계로 진행할 수 있음을 드러낸다.

이는 운명의 수레바퀴 카드가 가지는 이성적으로 불합리적이라 여겨도 필연적으로 진행되는 요소와 더불어 매달린 자 카드가 뜻한 이런 자신의 감정, 삶, 욕구 등을 극복, 순응, 합치해내기 위해 모든 것을 내걸어야 하는 (통과의례에 준하는) 비밀스럽고 신비로운 합일 과정이 혼합돼 있는 과정을 설명한다는 점에서 더욱 명확해진다.

태양과 달

태양과 달은 각각 영Spirit과 혼Soul을 의미한다.

연금술에서 밤에 이 둘이 함께하는 것을 묘사한 그림은 그전까지 완료된 과정을 지나 완성 직전의 불명확한 상태에서 이 두 속성의 혼합을 시도하는 장면을 의미하며, 이 과정에서 불안정성과 침잠沈潛이 필요함을 묘사하는 도상이다. 카를 구스타프 융은 이를 심리학적으로 아니마와 아니무스의 결합 도중 무의식이 나타나는 순간으로 해석했다.

이는 동양에서 태극이 상징하는 바와 매우 유사하다. 성리학의 모체가 된 주돈이(周敦頤, 1017-1073)의 도학道學 속 태극설太極設은 『주역』의 「계사전」에서 다룬 태극에 오행을 접목해 완성한 것인데, 이 책에서는 태극 또한 태초의 시작無極而太極에서 분화해 출현한 것이라고 주장했으며, 이후 성리학을 집대성한 주자朱子는 천지가 곧 태극이며 만물 하나하나가 모두 태극이라는 관점을 확립했다. 이 관점은 조선 사대부들의 사단칠정논변四端七情論辨에까지 영향을 미친다.

이 과정을 거쳐 불안정하게 침잠된 무의식은 점차 혼돈한 상태에서 자신의 본질을 결합해내는데, 이를 완수하면 양면이 공존하는 하나의 결과물로 통합된다. 통합이 완성된 결과물은 연금술에서 양성구유, 자웅동체로 표현한다. 한편 도학에서는 무극에서 태극이 발화한 뒤, 음은 멈추며 움직이고 양은 움직이며 멈추는 과정을 거쳐 오행으로 대변되는 물질계를 서로 다른 존재의 조화를 이루면서 만물이 생명을 얻어 세상에서 활동함을 논한다.

이는 타로카드에서 어떤 결과물을 만들고자 하는 이들이 반드시 거쳐갈 수밖에 없는 내·외적 갈등을 통해 더 의미 있는 결과물을 얻어내거나, 또는 이 과정을 버티지 못해 광기에 휩싸이거나 자신의 결과물을 내던지는 행위로 이어질 수 있음을 경고하는 장치로 기능한다.

다시 말해, 완성을 이루고자 자신의 능력과 기반과 심리를 직시하고 이를 내부에서 통합해 하나의 결과물로 완성해나가는 과정의 필요성을 강조하는 도상으로 쓰였다.

XIX. THE SUN.

태양

결과물의 완성

The Completion of Outcome

위엄과 영광, 나아가 승리를 의미한다고 여겨졌다. 태양 카드의 그림은 이전 단계들에서 드디어 결과물을 완성한 모습을 보여주며, 이로써 드러나는 위엄과 영광이 함께하는 광경이 곧 승리라는 단어까지 아우를 수 있게끔 한다. 긍정적 의미로 태양 카드는 승리의 화신으로 불릴 만큼 압도적인 모습을 보여주며, 나아가 자신의 결과물이 타인보다 우위에 있거나 대중에 노출돼 지지받는 것으로 드러난다. 그러나 부정적으로 보자면 불완전한 결과물을 과신해서 내놓거나 자신의 노력 없이 (미완성된) 결과물을 내세워 타인의 질시나 배후의 적을 키우는 모습으로 나타나며, 이 때문에 자신 있는 모습이 아니라 자만하는 모습으로 비쳐지는 것을 의미한다. 이는 카드의 부정적 키워드인 거만, 자만, 만용, 겉멋 든 이미지로 나타난다.

깃털 아이 머리에 있는 붉은 깃털은 바보 카드의 머리에 있는 것과 같은 깃털로, 아이가 성장해 이룰 업적을 암시한다. 근본 상징은 '약속을 실현할 징표'다. 바보 카드와 태양 카드의 인물이 지닌 깃털 두 개는 세계 카드의 화환을 묶는 붉은 매듭 두 개로 표현돼 있다.

태양 신성과 위엄을 뜻하는 전통적 상징이다.[179] 파장과 직선으로 구분되는 빛은 양성구유(연금술의 완성을 의미)를 뜻한다. 이로써 별, 달을 거쳐 완성된 실체가 드러남을 보여주는 장치다.

벽 체계적이고 착실하며 꼼꼼한 작업을 수행하고 있으며, 작업이 계속 진행됨을 상징한다.[180] 또한 벽 안팎의 사람을 구분한다. 내부 거주자는 착실하고 성실하게 작업을 수행하는 인물로 묘사되며, 벽은 외부의 위협을 막고 안전히 보호됨을 의미한다. 따라서 이곳은 완벽한 자기 구현과 성장이 가능한 공간으로 표현된다.

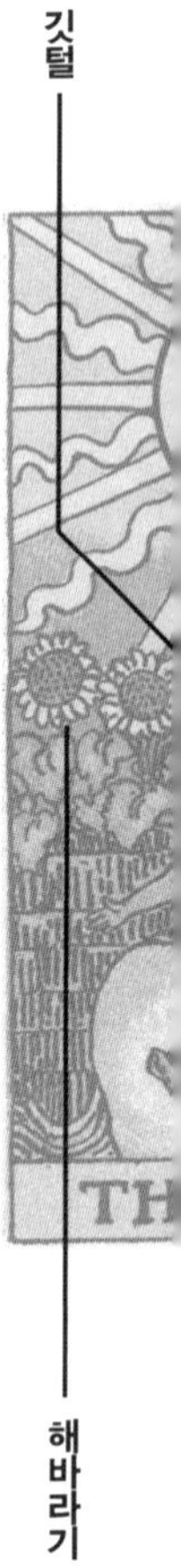

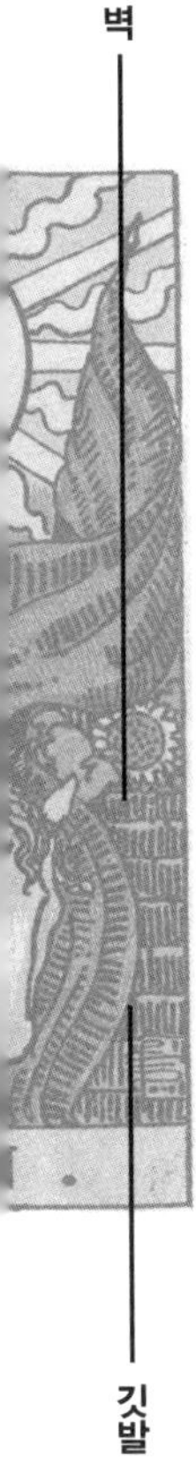

해바라기 변함없는 신념을 상징한다.[181] 태양을 따르는 해바라기는 아이를 향한다는 점에서 태양의 권위와 능력이 아이에게 계승됐음을 뜻한다. 또한 기독교 전통에서 해바라기는 '정신적 교회'의 상징으로, 하나의 진리가 만들어내는 수많은 추종자를 뜻하며, 그 추종자들이 모두 그의 행적을 좇을 것임을 시사한다.

아이 분신이자 완벽히 자신을 닮은 또 하나의 자아를 뜻한다.[182] 연금술적 의미로 호문쿨루스(Homunculus, 현자의 돌)와 견줄 수 있고, 수련과 노력으로 완성한 결과물로 신의 현신에 견줄 수 있음을 의미한다.[183] 태양의 전능과 신성이 아이에게 계승·상속·이양된 것으로 표현된다. 이는 곧 어떤 성과나 결과물 또는 증명이 되며, 이로써 완성에 이르지 못한 이들과 차별성을 부각한다.

말 백마는 순진무구와 결백을 상징하며, 더불어 이 도상에서는 개선凱旋과 승리를 뜻한다. 또한 일방향으로 진행되는 에너지를 상징한다.[184] 여기서는 위풍당당한 전진이 현실과 이상 양쪽에서 모두 이루어짐을 뜻한다.

깃발 깃발 또는 휘장은 초월자에게 허락된 권능과 잠재력을 상징한다.[185] 나선으로 휘어진 모양은 같은 방식이 다른 시간선상에서 진화되며 진행됨을 뜻한다.

태양 카드는 수많은 시련을 겪은 뒤 자신만의 것을 창출해낸 모습을 표현함으로써 그렇지 못한 자와 엄연히 다른 존재로 존중과 대우를 받는 모습의 묘사에 모든 상징이 집중돼 있다. 이 카드는 세상에 영향을 끼칠 만한 힘을 지닌 실질적 결과물이 등장했음을 뜻한다. 이 결과물은 결코 운이나 요행으로 얻은 것이 아니며, 본인의 노력과 과정이 만들어냈음을 주위의 모든 사람이 공감하고 있다(해바라기와 태양은 아이에게 귀속돼 있다). 태양 카드는 이런 맥락 속에서 만들어진 결과물의 완성을 뜻하며, 완성을 통해 승리와 영광은 부수적으로 따라옴을 역설한다. 카드의 가장 대표적인 의미인 '승리'와 '영광'은 결과가 아니라 부속물인 셈이다. 이를 표현하고자 아이를 태운 말은 마구도 없고 길들지도 않았으며, 그러면서도 아이의 방향대로 움직일 준비가 돼 있음을 묘사했다. 또한 그는 붉은 휘장의 가치를 이해하지 못하나, 휘장은 전적으로 아이의 소유물임을 표현했다.

반대의 키워드는 완벽성과 거리가 먼 과정을 통해 태어난 결과물을 바탕으로 움직이는 일련의 행동에서 드러난다. 행동 방법은 같으나 태도와 결과가 다르게 나타날 때, 자만이라는 부정적 의미가 드러난다. 이때도 본인은 부정적인 상황을 전혀 인지하지 못한다.

또한, 태양 카드는 이제 스스로 할 수 있는 모든 것을 했다는 뜻도 드러낸다. 의지를 가지고 시작한 작업이 결국 자신의 의지를 세상에 현실화하는 데 성공했으며, 결과물과 그것이 빚어낼 세상의 변화가 완전히 새로운 경지에 닿았다는 것을 증명한다. 결과물 자체를 상징하는 '아이' 말고는 어떠한 인간도 등장하지 않으며, 아이에게 접근하거나 영향을 주는 어떠한 간여도 없다는 점에서 이는 명백하게 표현된다.

그러나 이 결과물이 과연 어떤 가치를 얼마만큼 지니는지 현 단계에서는 확인할 방법이 없다. 다시 말해, '판단'이라는 키워드가 결여돼 있다. 이는 다음 카드 '심판'의 핵심 키워드를 만드는 요인이다.

연금술: 적화 마지막 단계다. 여기에 이르러 달 카드에서 분화해 표현됐던 다른 자아들이 합일을 이룬다. 그렇기에 기존 연금술사들의 표현에서 적화 단계의 묘사는 승계자, 상속자, 왕위를 계승한 왕자로 표현되며 상징학적 의미로 가장 유사하고 대체할 수 있는 상징이 바로 '아이'임을 확인할 수 있다. 연금술적으로 이런 요소를 간직한 존재는 바로 '플라스크 속의 난쟁이'인 호문쿨루스다. 이를 창조함으로써 새로운 자아이자 대변자를 내세우는 과정 또한 카드의 키워드로 들어간다. 이제 '현자의 돌'은 자신의 완성을 타인 또는 위대한 존재에게 증명해야만 한다.

카발라: 위엄/영광(호드) → 기초/발출(이소드) '종합적인 지성'

연구자들은 이 경로가 천체 활동을 최종적으로 완성해 각 천체가 흐름과 영향력을 발산할 수 있게끔 만들어준다고 믿었다. 이로써 점성술적 원리가 이 통로에서 구성됐다 믿었으며, 여기에 다다르고서야 진정한 점성술의 의미들을 이해할 수 있다고 여겼다. 이는 곧 (신의) 위엄/영광(호드)이 발산(이소드)하는 단계를 의미하며, 카드에 그려진 태양의 묘사는 이런 원리를 표현해내고자 더욱 강조된 것이다. 또한, 모든 변화와 운동이 형성되는 세 번째 트리아드인 예치라/예트지라가 완성됐음을 알리며, 이제 다음 단계를 통해 모든 것이 어떻게 움직이고 통제하는지를 암시한다. 다시 말해, '(별과 행성, 생명을 포함한)모든 결과물은 완성'됐음을 확인하는 단계다.

⊙ **점성술: 태양** 점성술에서 태양의 위상은 굳이 설명할 필요가 없을 정도이며, 심지어 태양이 어디에 있는지만을 따져 운세를 간단하게 파악할 수도 있다고 주장하는 사람들도 있다. 태양은 오롯이 존재하는 '나'로 기능하길 원하며 그 자체로 생명력을 품고 스스로 표현해내는 모습을 의미하기 때문이다. 또한, 의지를 표출하거나 자신감을 발현하는 천체이며 나아가 자신의 능력을 깨우쳐 주변을 밝히려는 성질도 있다.

반대로 이런 목적을 충족하지 못하거나 강제로 취하려 한다면, 자신과 타인을 기만하게 되어 내실 없는 모습을 드러낸다. 이는 카드의 부정적 키워드인 호가호위狐假虎威나 자만으로 이어진다.

이런 특성이 어떤 기준으로 발현되는지를 확인하려면 이 행성이 지배하는 사자자리와 태양의 기능이 활성화되는 양자리의 의미를 참고함으로써 파악할 수 있다. 이는 곧 힘 카드와 황제 카드에 대응하며 의지의 표출이 자신의 내면에서 일어나는 힘을 드러내려 발생하고, 이런 모습이 활성화되는 환경은 자신의 목적을 달성하고 자신의 영역을 확보한 상황임을 보여준다.

사자자리-힘 카드는 자신을 조율해 존재감을 드러낼 수 있음을 의미하며, 내면에 충실해 다른 것들을 자연스레 압도하는 모습으로 나아가는 장면을 보여준다.

이런 모습이 어떤 방법으로 나타나는지를 확인하려면 태양이 활성화되는 양자리-황제 카드를 참고하면 된다. 공격적으로 자신의 뜻을 표현해(양자리) 기반이나 입지를 확보하고(황제 카드) 나아가 스스로 위엄을 갖출 수 있다는 점을 강조한다. 이를 통해 태양 카드가 보여주는 결과는 자연스러운 위엄, 승리, 성공이며 이는 태양 카드의 그림에 직관적으로 묘사돼 있다.

하지만 이 모든 것이 내실 없는 상태로 드러나면 허세와 기만의 모습으로 비치며, 결실을 얻지 못하거나 자신을 잃어버리는 결과로 드러날 수 있음을 경고한다.

XX. JUDGEMENT.

심판

최종 결론
Final Decision

되돌릴 수 없는 심판을 뜻한다. 그림의 모든 도상은 명백하게 「요한 묵시록」을 바탕으로 짜여 있으며, 이를 통해 스스로 달성한(또는 살아왔던 과정) 것을 평가받는다는 뜻을 지닌다. 여기서 결정되는 것은 번복할 수 없는 절대적 판결이다. 이는 최종 결론을 내림으로써 지금껏 만들어낸 결과물이 세상의 한 축으로 자리 잡을 수 있는가를 결정하기 때문이며, 이곳에서 그 결과물에 긍정적 면모를 보인다면 이를 통해 자신의 경지가 증명되거나 입지가 견고해지겠지만, 반대로 인정받지 못하면 부족한 부분을 채워 재도전하거나 최악의 경우 다시는 그 결과물을 통해 어떤 시도도 하지 못하거나 인연이 완전히 끝나는 모습으로 드러난다. 그렇기에 긍정적 키워드로는 명예와 지위의 획득, 승소, 부정적 효과나 상황의 청산, 자신의 지위나 기반이 공인되는 모습으로 해석된다. 반대로는 항소할 수 없는 법원의 판결 또는 대중의 관심에서 완전히 벗어나거나 질타받는 모습으로 드러나며, 이런 부정적 면모는 번복 불가, 강제 조치, 거부권 없음 등의 키워드로 카드에 들어간다.

깃발 달린 나팔 성 게오르기우스의 깃발이다. 성 게오르기우스는 대적을 멸한 자로 미카엘의 현신이라고 믿는 전통이 있으며, 「요한 묵시록」의 전통에 따라 최후의 날 승리를 위해 군대를 이끄는 미카엘로 이해해도 맥락은 같다.[186] 이는 곧 신의 권능이 지상에 내려옴과 함께 위대한 존재의 승리를 선포하는 도구로 표현됐음을 알 수 있다.

천사 「요한 묵시록」 1장의 장면을 묘사한 것으로, 이 천사는 「요한 묵시록」에 등장하는 천사이며 최후의 심판 장면을 통해 절대적 존재가 최종 판결을 내린다는 것을 공지한다.[187]

설산 바보 카드에 그려진 산과 같다. 카드에 묘사된 심판이 이루어지며 합일되는 곳이 새로운 발출이 이어지는 곳과 같음을 암시한다.

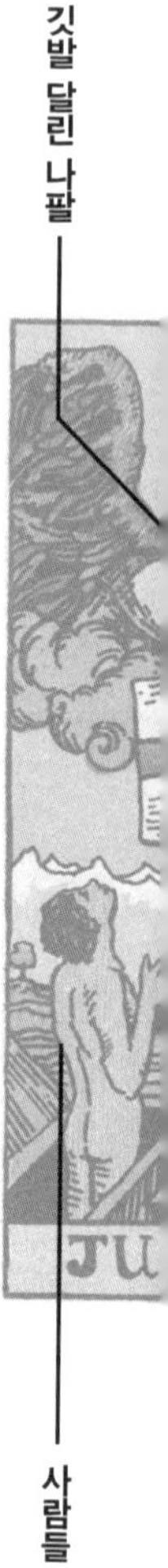

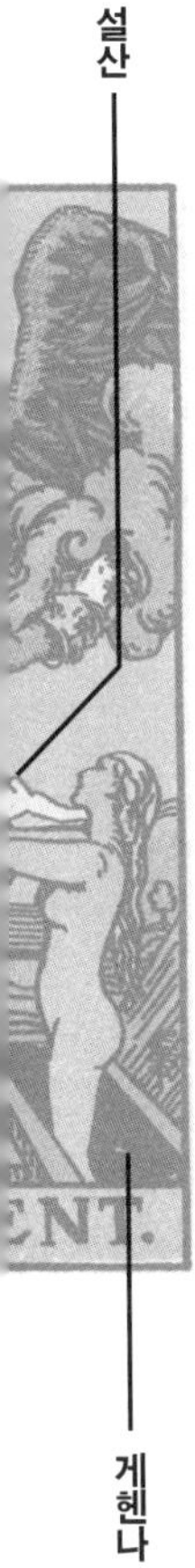

사람들 구원받는 이들이 아니라, 연옥(중간 지대)에서 심판을 기다리는 영혼을 뜻한다.[188] 철저히 카발라 전통에 기반한 것으로, 이들은 모두 '이미 죽은 존재'이며 구원의 여지는 있으나 구원이 확정된 이들은 아니다.

아이 승천하지 못한 채 좌절된 영혼(작업물)의 부단한 노력으로 승화된 인고의 결과물을 뜻한다. 아이의 존재는 신성과 완결된 결과물이라는 점에서 태양 카드의 아이와 같다. 그러나 아이가 상징하는 완벽한 결과물을 만들 수 있는 자라면 게헨나에 머무를 리 없다. 다시 말해, 게헨나 안에 들어간 영혼의 부단한 제련 과정을 통해 생성된 아이다. 그는 명백하게 구원받을 자격을 지닌다. 이들에게 구원의 여지가 있다는 점은 아이의 존재로 증명된다.

강 죽음 카드에 그려진 강과 같다. 이로써 이 심판이 물리적·물질적인 것에 국한하지 않음을 보여주며, 나아가 모든 에너지가 재차 하나가 되는 과정에 다다랐음을 뜻한다. 이 단계는 일정 이상의 비슷한 성취를 이룬 영혼을 모아 심판의 날(이 카드가 표현하는 순간과 동일)에 하나로 합쳐진다고 믿어왔다.

게헨나 유대 전통에 따라 무덤이 아니라 게헨나로 묘사돼 있다. 게헨나는 영적으로 승천하지 못한 영혼이 심판의 날까지 기다리면서 머무는 지하 거주지를 뜻한다.[189] 게헨나 문은 심판의 날에 일제히 열리며, 그때 영혼이 평가받는다는 전승이 내려온다.

이 단계는 자신의 노력에 따른 정당하고 냉혹한 평가에 기뻐하거나 체념하거나 절망할 수밖에 없음을 그림으로 표현한다.

심판 카드의 그림은 명백하게 「요한 묵시록」 20장의 내용을 모티브로 제작됐다. 따라서 모든 의미의 맥락은 「요한 묵시록」의 내용과 카발라에서 언급하는 종말론에 기반한다. 다만, 본래 이 카드의 이름은 최후의 심판The Last Judgement이었으나, 카드 안의 구조를 더 완벽하게 만들고자 최후의 의미를 제외한 듯하다. 그노시스 비의에서 세피로트로 구성되는 세계는 4번 중첩되며, 이는 윤회론과 비슷한 모습으로 설명할 수 있다. 다시 말해, 한 번의 순환만이 아니라, 다른 차원 또는 경지에 오르거나 내려가 다시 시작(바보 카드)함을 의미한다. 따라서 21번 세계 카드에 도달할 때까지 20번 카드는 고정된 결론일 수 없으며, 이는 '아이'가 그려져 있다는 사실에서도 간접적으로 묘사돼 있다.*

이 결론을 누가 어떻게 내리는지는 논할 필요가 없다. 특정 상황에 국한하지 않고 자신이 얼마나 노력해왔으며 이야기의 결말이 좋으냐 나쁘냐를 결정하는 절정의 순간이기 때문이다.

또한, 심판을 기다린 모든 영혼이 일제히 심판을 받기는 것으로 묘사하는데,** 이는 전통적 종말론이 그노시스파의 세계관으로 변화한 것에 영향받은 것으로 추측된다. 나아가 심판의 단계에서 이루어지는 변화는 죽음의 변환과 상당히 비슷하다. 죽음 카드가 어떤 상황에서 개인의 변화를 의미한다면, 심판은 대국적 관점 자체 곧 전체 상황이 끝났음을 의미한다.

따라서 심판 카드의 키워드는 긍정과 부정을 초월해 '부채든 이익이든 과정에 따른 결과가 청산됨'을 의미하며, 이미 업적을 달성한 사람이든 달성하지 못하고 구제를 기다리는 사람이든 '최종 결론'을 언도받는다는 의미로 해석할 수 있다.

이는 흐름이나 상황이 완벽하게 변하는 것을 의미하며, 이 과정에

* 고정된다면, 아이가 이곳에 있는 것 자체가 모순이다.

** 영혼의 자세는 두려움이나 공포보다는 무엇인가를 숭배하거나 축복을 받아들이는 자세에 가깝다.

항거할 수 있는 이가 없다는 점을 강조한다. 나아가 그것이 자신에게 긍정·부정적 의미를 지닌다 해도 처음부터 다시 시작해 이 과정을 밟지 않으면 의미 있는 변화는 있을 수 없음을 뜻하며, 별도의 수단과 방법을 동원해 예외를 만들 수 없다는 점을 묘사한다.

이로써 모든 심판이 끝나 세상과 하나로 융화한 모습을 마지막으로 비추며 완벽한 완성와 함께 시작과 끝을 영원히 유지하거나, 반대로 다시 완성을 향한 여정이 시작되는지를 다음 카드를 통해 알 수 있다.

연금술 직접적 연관성은 없다. 다만, 연인 카드와 절제 카드에서부터 언급한 '세상에 피워 올려진 불'이 영구히 존재할 수 있음을 구도로 설명한다.

1. 연인 카드에서 특정 방향(남자 → 여자 → 천사)을 통해 무형적으로 구현
2. 절제 카드를 통해 유형적으로 확인할 수 있게 구현했으나, 직접 구현할 수 없는 상황(인간 외의 존재-제3자)
3. 심판 카드에 이르러 전 단계에서 창조해낸 현자의 돌이자 호문쿨루스와 완성된 자아의 결정체와 함께 천사-신성을 마주하는 모습을 통해 완벽히 유형화된 상태로 구현됨을 보여줌

이로써 전 단계에서 적화를 완료한 현자의 돌이 쓰일 수 있는지를 판단하고, 그렇지 못하면 다시 원래의 질료로 회귀하는 모습을 바보 카드로 드러낸다. 이와 달리, 응당 완성돼 통용할 수 있는 것으로 인정된다면 세계 카드를 통해 그것이 세상의 한 축을 이루게 됨을 드러내며, 나아가 이 대작업을 완성해 스스로 영혼의 정련에 성공했음을 확인하게 된다.

카발라: 위엄/영광(호드) → 왕국(말쿠트)
이 단계는 태양과 달의 운행을 통제하는 곳이라 여겨졌다. 이는 각 대립물이 서로 올바르게 자리하도록 만듦을 뜻한다. 이로써 위대한 의지가 모든 통로를 경유하기 전에 만반의 준비가 이루어지며 세계 창조의 마지막 순간만이 남았음을 표현한다. 모든 정화가 발현되는 순간, 세계가 완성됨을 다음 단계를 통해 알 수 있다. 또한 이 단계에 이르러 심판의 기둥이 완성되며, 이로써 신의 지혜(비나)가 판단(게부라)하여 완성된 위엄(호드)이 세상을 구축함을 천명한다. 이로써 양립된 성질의 것들이 모두 판별되고, 위는 위로 아래는 아래로 성격을 명확히 하는 데 성공한다. 다음 단계에 이르러 모든 것이 융화해 새로운 세상을 구축하는 모습을 바라보게 된다.

△ **점성술** 불의 원소가 이 카드에 자리 잡는다고 여겨졌으나 후대의 연구자들이 명왕성을 이 카드에 배치할 것을 주장했다.

불의 원소로 이해하면, 이 속성에 해당하는 양자리/사자자리/사수자리의 성질을 모두 확인할 필요가 있다. 이를 간단히 설명한다면 능동적(양자리)으로 자신의 자아실현(사자자리)을 위해 끊임없이 이를 추구하는(사수자리) 모습으로 이해할 수 있다. 또한 이 별자리들은 각각 황제 카드, 힘 카드, 절제 카드와 연계돼 자신이 쟁취한 기반이나 결과(황제) 안에서 자신이 필요한 내면의 힘(사자)을 성장시키려 이를 정제(절제)하는 과정의 총체로 이해할 수 있다.

반대로 이런 과정이 제대로 이루어지지 않는다면, 결국 완성을 이루어냈더라도 실락失落하게 되며, 다음 시도를 위해 새로운 준비가 필요함을 역설한다. 타인의 강제로 일어나는 상황이거나 자신만이 인식할 수 있는 결과물이거나 또는 이상적인 부분만 구현/강조한 채 실체를 제대로 갖추지 못했을 때, 타인이 내려준 부정적 결론에 다다르거나 복권復權에 실패하는 것으로 나타난다.

후대의 연구가들이 내세운 주장을 따른다면 명왕성의 성질인 강렬하고도 초월적인 힘이 적용되며, 죽음과 재탄생에 준하는 순간이 도래함을 의미한다. 이는 곧 이 천체가 지배하는 별자리가 전갈자리(죽음 카드)라는 점에서 쉽게 확인할 수 있다. 변환은 시련과 시험을 통해 진행되며 그 결과는 돌이킬 수 없음을 보여주고, 동시에 재시작을 암시한다.

명왕성의 의미가 어떤 환경에서 활성화되는지를 보려면 사자자리를 참고하면 된다. 이는 곧 힘 카드에 대응하며 죽음과 재탄생에 준하는 강한 잠재력을 통해 자신의 내면(힘 카드)을 새롭게 탈피하고 더 높은 자아실현(사자자리)을 향해 나아가야 함을 강조한다.

게헨나Gehenna

게헨나, 게힌나, 게힌놈Gehinnom 등으로 불리며, 현대 기독교에서는 보통 지옥으로 알려진 개념이나 본래는 유대교 신비주의에서 죽은 뒤 심판을 기다리는 영혼들이 거주하는 지하세계다. 연옥과 유사한 개념이나 이곳에 머물 수 있는 시간은 1년으로 제한돼 있으며, 1년이 지나면 구원 후 새로 올 세상을 기다리는 동안 자신의 죄에 대한 속죄와 후회를 거듭하며 기다리게 된다. 이들은 모두 죄를 지은 자들이기 때문에 천국의 열쇠를 보장받지 못하며, 참회와 노력으로 최후의 날을 기다린다고 전해진다. 구전에 따르면 이 게헨나의 문은 최후의 심판의 날에 일제히 열리며, 심판을 통해 구제받을 영혼들은 천국으로 올라가고 남은 죄인들은 무저갱으로 떨어진다.

카드의 이름과 특성으로 심판 카드에서는 무덤이 열리는 것이라기보다는 게헨나의 문이 열리는 것으로 해석하는 편이 합당하다. 다시 말해, 종말론적 심판을 묘사한 것이다. 따라서 게헨나에서 일어나는 자들은 구제받지 못하고 게헨나에 잠들어 있던 영혼들이다.

카드에 그려진 영혼들은 숭배하는 자세를 취하고 있다. 이를 통해 이들은 심판을 거쳐 구제받을 수 있음을 보여주는데, 이는 아이의 존재로도 증명된다. 라이더-웨이트 덱에서 아이는 현자의 돌과 같은 의미를 지니는데, 이런 아이를 만들어낼 수 있을 정도로 영적인 존재라면 게헨나에서 구제받을 만한 자격이 충분하기 때문이다.

0. THE FOOL.

바보

새로운 시작
New Beginning

시작과 그에 따를 수많은 좌충우돌을 뜻한다. 시작이라는 것은 앞에서 많이 언급했던 키워드이기에 더 설명할 필요는 없을 것이다. 바보의 낙천성은 자신에게 주어진 것이 믿음에서 시작됨을 깨닫게 되고, 가공되지 않은 무수한 가능성은 뒤이어 진행되는 과정을 통해 완성에 닿고자 하는 머나먼 여정이 시작됨을 알려준다. 이 카드의 이름이 '바보'인 까닭은 무언가를 처음 시도하면서 완벽한 준비는 불가능하기 때문이다. 수많은 시행착오와 과정을 거쳐야 완성에 닿을 수 있음을 강조하면서, 다른 이들의 눈에 비치는 모습이 마치 바보와도 같다는 점을 역설하는 것이다. 이 내용은 결국 카드의 키워드에 그대로 적용된다.

석류 몽우리 이 카드가 카발라에 영향받았음을 보여주는 상징이며, 닫혀 있는 몽우리를 통해 은유적으로 영적 개화를 준비하는 단계, 아직은 닫혀 있는 지혜를 뜻한다.[190] 이와 함께 그의 경험이 정제되지 않았음을 뜻한다. 다시 말해, 석류 몽우리는 입문자를 상징한다.

0 르네상스 시대부터 전통을 이어왔던 수많은 덱은 광대에 숫자를 부여하지 않았다. 숫자 0을 넣음으로써 시작 이전의 혼돈이란 의미가 더해졌다.[191] 동시에 이는 형체/실체 없는 존재(아인 소프)에서 발출(케텔)했음을 명시하는 의미도 지닌다.

가방/배낭 바보가 지닌 다양한 가능성을 뜻한다. 그 안에 든 것이 가공되지 않은 4원소의 상징물이며, 그가 근본적으로 잠재적 존재로 묘사되기 때문이다.[192] 가방에 그려진 포도 열매는 창조의 비옥한 토대를 지녔으며 어떤 환경에서도 늘 결실을 맺을 수 있는 은총과 재능과 환경을 지녔음을 암시한다.[193]

태양 형언할 수 없는 절대자의 의지와 은총이 바보를 후원한다는 상징이다.[194] 이 덱의 목적상 흰색의 태양은 아인 소프를 상징하면서, 아인 소프의 '깜빡임'의 의지를 발출한 케텔의 운동도 암시한다.[195]

설산 순수함을 유지한 곳, 사람의 손이 닿기 힘든 장소를 암시한다.[196] 정작 그가 발딛은 낭떠러지가 녹아 있다는 데서 이 모든 시작의 순간에 사실은 태양이 개입해 있음을 의미한다.

절벽 바보가 겪어야 할 과제나 난관이 엄청난 시련이 되리라는 암시와 함께, 시작 뒤에 원상태로 돌아올 수 없음을 뜻한다. 또한 출발함으로써 무에서 유가 생성된 것을 뜻한다.

백장미 정신적인 순진무구함, 단일한 영성, 그를 바탕으로 한 새로운 시작을 뜻한다.[197]

개 일반적으로 이 카드는 『구약성경』의 외경 「토빗기」가 모티브이며, 토빗의 모험을 쫓아가는 개와 동일한 상징으로 간주된다. 「토빗기」는 '바보의 여정'을 보여주는 외경의 하나로, 여기서 개는 모험의 시작부터 돌아올 때까지 그의 뒤를 따른다. 또한 「토빗기」에서 개와 함께 토빗을 도와주는 숨겨진 조력자가 늘 함께하는데, 바로 대천사 라파엘이다.[198] 따라서 여기서 개는 바보를 올바르게 인도하려는 존재, 또 모험 끝까지 따라가는 존재로 등장한다. 이는 바보에게 기회와 계기를 제공하는 역할을 한다.

클래식 덱으로 유명한 마르세유 덱에서도 바보 카드에는 숫자가 없다.* 또한, 바보 카드의 원래 명칭은 광인Le Mat이었으나, 뒤에 바보THE FOOL로 바뀌었다.**

어원적으로 보면 이 카드의 원래 명칭은 바보다. 바보Fool의 어원인 라틴어 단어 FOLLIS는 처음엔 '가볍다' 또는 '비어 있다'라는 의미로 쓰였으며, 점점 '머리가 텅 빈 친구', 곧 '바보'라는 의미로 정착됐다. 그런데 FOLLIS가 중세 프랑스어에 편입되며 fol이란 단어로 쓰였고, 이때 '미치광이'란 뜻이 추가됐다. 이처럼 단어를 받아들이

* 많은 이가 왜 이 카드를 마지막에 배치해 설명하는지 의아해하지만, 본래 바보 카드는 숫자가 부여되지 않았으며 뒤에 숫자를 부여함으로써 다른 의미를 추가했다고 본다. 이에 관해서, 숫자 0이 아라비아에서 유럽으로 들어오기 전에 타로카드가 만들어졌으리라는 추측을 강하게 뒷받침하는 증거로 보는 연구자도 있다. 물론, 초기 덱 전체에 숫자가 부여되지 않았음을 근거로 이를 반박하기도 한다.

** THE FOOL을 일반적으로 광대라고 번역하는 경향이 있지만, 단어의 어원을 찾아보면 이는 명백한 오역이다. 또한 fool을 흔히 '어릿광대'로 번역하나, 이 카드의 키워드와 비교해보면 의미론적 맥락이 완전히 다르다.

어원적으로 거슬러 올라가면, 흔히 말하는 '어릿광대'와 의미가 가장 유사한 영어 단어는 clown이다. clown의 유래는 고전 연극의 투박한 바보rustic fool 캐릭터에 기반하는데, 이 역할은 '희극'에서 유머를 통해 웃음을 유발하는 트릭스터Trickster에 가깝다. 다시 말해, 어릿광대를 의미하는 clown은 일종의 배우로서 연기의 자각을 가지고 바보 연기를 하는 것이다. 마찬가지로 연극에서 파생한 희극적인 캐릭터로는 할리퀸Harlequin이 있다. 자주 오해를 사는 '궁정 광대'는 Jester라는 단어를 쓴다. Jester는 이야기와 음악, 마술 등을 선보이면서 농담과 익살과 풍유를 전달하는 전문 기예인으로 취급받았다. 다시 말해, 이들도 자신의 말과 행동이 '바보같다'라는 것을 자각했다.

이들은 모두 일종의 '기능직'으로서 0. THE FOOL 카드의 키워드인 순진하고 바보스러운 특징과 큰 관련이 없다. 정확하게 말하자면 바보를 연기하는 캐릭터로서의 전문가들이라는 표현이 더 어울린다. 실제로 위의 단어들을 타로카드 키워드에 맞춰서 해석하면 Jester와 Harlequin은 마법사 카드와 조응한다. fool은 스스로 광대짓을 한다는 자각이 전혀 없다. 그래서 0. THE FOOL 카드의 중요한 키워드는 '무지'에서 출발한다. 이 점에서 이 카드를 연예인인 '광대'가 아니라 무지의 상징인 '바보'로 해석하는 것이 키워드 접근에 훨씬 정합성이 높다.

는 과정에서 일어난 의미의 변화는 타로카드의 키워드 변형에도 반영됐다.* '바보Fool'라는 단어를 바라보는 관점의 차이가 카드의 키워드를 바꾼 것이다.**

라이더-웨이트 덱에서 바보는 '아무 생각도 없고 아무 판단도 하지 않는' 멍청하고 어리석고 순수한 의미의 '골 빈 바보'를 말한다. 그리고 텅 비고 아무것도 없다는 의미는 '무엇이든 채울 수 있다'라는 긍정적 의미로 확장하면서 바보 카드의 긍정적 의미를 발산한다.

이 카드는 모든 것이 다시 시작함을 뜻한다. 모든 상징의 의미는 텅 비어 있고 아무것도 시작하지 않은 상태의 준비 상황을 보여준다. 왼손과 오른손으로 구분해 인식한다면, 오른손에 쥔 가공되지 않은 형질 또는 기질을 통해 시작을 도모한다는 것으로 이해할 수 있으며,*** 반대로 왼손의 꽃은 순수한 영적 가능성의 시작을 시사한다.

* 미셸 푸코는 '바보'라는 단어에 '광인'이라는 의미가 추가된 이유를 중세 가톨릭 세계관에서 찾았다. 프랑스어에서 fol은 바보, 광인 두 가지 뜻을 함께 지녔는데, 정확하게 보자면 '광인'은 '바보'의 하위개념으로 통용됐다.

"푸코도 '바보'를 '광인'의 측면에서 이해하고 '광기'의 역사를 이해하는 데 유용한 사례로 삼았다. 이런 번역상의 혼란은 바보를 뜻하는 말에 광인의 의미가 포함돼 있다는 데서 비롯한 것으로 보인다. 바보란 말하자면, 이성이 결여된 사람이고, 이 이성이 결여된 사람은 이성을 상실한 사람, 곧 광인이 되는 것이다. 중세 시대에 이성은 기독교의 신(하느님)이 준 지혜를 뜻했는데, 브란트의 작품 『바보배』에서 말하는 바보는 바로 이 지혜가 없는 사람을 가리킨다."(고명섭, 〈당신을 '바보배'로 초대합니다〉, 《한겨레신문》, 2006년 12월 7일 자)

마르세유 덱 이전의 타로카드 전통에서 이 카드를 '광인'으로 불렀던 까닭은 이 문화가 전통적으로 남아 있던 프랑스인이 카드를 제작했기 때문이다.

** '미치광이'와 '바보'의 의미 차이로 가장 크게 바뀐 것은 개의 상징이다. 클래식 덱에서 미치광이를 물어뜯는 개의 모습은 모던 덱에서 바보에게 안내와 조력을 하는 것으로 의미가 바뀌었다. 클래식 덱에서 개가 경고의 메시지라면, 이 카드에서 개는 조력자이자 동반자다. 카드의 명칭이 바뀌면서 뒤따른 변경이다. 달 카드의 개와 비교해본다면 이는 교육받지 않은 순수 상태의(백색) 이성(개)이 앞에 있을 위험을 경고하는 것으로 이해할 수 있다.

*** 라이더-웨이트 덱의 모든 카드는 좌우가 뒤집혀 인쇄됐다. 이는 그노시스파에서 태초의 인간을 묘사할 때 뒷모습을 기반해 표현하는 것 때문이다. 최근 제작자들은 이를 바로잡으려 노력한다. 뉴 비전, 르웰린 덱이 대표적 예다.

곧 물질과 영혼, 두 질료를 모두 지닌 채 무한한 가능성을 품은 존재로 묘사한다. 바보는 무엇이든 할 수 있는 가능성을 지녔다. 더구나 이 능력은 아직 꽃피지 않았다(옷의 석류 몽우리). 그는 텅 비어 있기 때문에 무엇이든 경험할 수 있으며 그 경험은 쓰라릴 수도 있고 달콤할 수도 있다(절벽의 위험과 태양의 축복).

긍정적인 면에서 시작은 그 무엇과도 견줄 수 없다. 아무리 큰 계획이나 생각도 실행에 옮기지 않으면 무용지물이기 때문이다. 그렇기에 준비 여부를 떠나 시도 자체로도 의미 있는 것들에 대한 보증 같은 뜻을 지닌다. 이런 긍정적 면모는 곧 초심자의 행운이나 순조롭고 유쾌한 시작의 키워드로 적용된다.

반대로, 아무런 준비 없이 시작하는 것은 만용일 수 있으며, 단순한 낙관이나 예측만으로 처음 시도하는 것이 성공하리라 보는 사람도 없다. 이런 모습을 지켜보는 사람들은 과도한 열광이나 무모함으로 인식할 것이며, 이런 부정적 모습은 광기, 열광, 무모함, 미숙함 등의 키워드로 카드에 적용된다.

그러나 모든 것을 떠나 새로운 시작은 기대감을 내포한다. 수많은 설화, 신화, 전설에서 여정을 시도할 때 다른 이들과 이를 지켜보는 사람들이 기대하는 것 또한 바보가 어떤 식으로 성장하는지를 보고 싶어 하는 것에 있다.

달성과 결과, 성패의 여부는 바보 카드에서 그다지 중요하지 않을 수 있다. 매 순간마다 시작과 끝은 함께 있었기에 앞으로 여정이 어떻게 되는지는 운명 또는 신의 뜻에 있거나 이 시작으로 인해 촉발되는 의지에 좌우된다. 라이더-웨이트 덱이 세계를 바라보는 관점은 바로 이것이다.

연금술: 질료 연금술의 마지막이자 시작인 '질료' 자체를 뜻한다. 현자의 돌은 사용하면 다시 질료로 돌아간다는 데서 그 의미를 추론할 수 있다. 또한 모든 질료 안에 '신의 숨결'이 있음을 그림에서도 확인할 수 있다. 이 상징물이 바로 손에 들린 백장미이며, 세상에 드러나는 역경을 시작하며 버틸 수 있는 힘이 바로 신의 의지가 함께함을 증명한다(태양). 그러나 이는 바보가 바보일 수밖에 없다는 것도 증명하는데, 그는 그 숨결이 자신 안에 있는지 모르기 때문이다. 개가 그를 안내/인도하는 이유가 여기에 있다고 유추할 수 있다.

카발라: 발출(케텔) → 지혜(호크마) '반짝이는 지성'

이는 형상이 갖추어지기 전에 드러나는 외형(이 서술은 큰 얼굴-매크로프로소푸스의 묘사와 일치한다)이며, 이것이 위와 아래의 원인(첫 번째 트리아드와 그 이후의 구성물은 세피로트 안에서도 상·하위의 존재로 구분된다)들의 질서이기 때문이다. 이를 통해 부여되는 권위를 즐기며, 발출이 이루어진 이유 가운데 가장 크고 중요한 이유와 맞닥뜨리게 된다고 여겼다.

이는 신성의 발출이 일어난 원인이 처음으로 연결되는 이 통로에 내재함을 뜻하며, 동시에 이 카드의 의미 가운데 '위험에 대한 무방비'가 바로 발출의 원인을 이미 아는 것으로 묘사됨도 알 수 있다. 이 통로를 소유 또는 점유할 때는, 원인을 알기에 위엄이 드러나며 이를 즐기면서 가장 크고 중요한 원인과 직면하는 기질이 있다 여겼기 때문이다. 이는 절벽을 통해 묘사된다.

또한 궁극적으로 모든 통로에서 신성이 강림하는 이유를 가장 순수히 알 수 있는 곳임을 뜻한다. 특히 바보 카드에서 배경(산, 태양)의 의도를 알 수 있도록 해주는 장치가 된다. 새로운 시작을 알리며, 이 바보는 아무것도 알지 못하지만 스스로 믿음을 증명하고자 세상을 향해 떨어져 내려간다.

△ **점성술** 4원소 가운데 공기가 배정돼 있으며, 후대에는 천왕성을 배치했다. 공기 원소를 배치한 기존의 관점으로 본다면 이 속성을 띠는 쌍둥이자리, 천칭자리, 물병자리를 통해 유추할 수 있으며, 각 별자리들은 연인 카드, 정의 카드, 별 카드에 대응함을 알 수 있다. 이는 곧 새로운 반응을 통해 기존의 세계와 교류하기 시작함으로써(쌍둥이자리) 사회에 조화를 이뤄나가는 단계를 거쳐(천칭자리) 자신이 추구하고자 하는 보편적인 이상을 달성하고자 하는 것(물병자리)으로 설명할 수 있으며, 세상에 들어가 소통함으로써(연인 카드) 자신이 간직한 신념이나 정의를(정의 카드) 달성하려는(별 카드) 작업으로 이해할 수 있다.

이런 표현은 어디까지나 긍정적인 부분만 비춘 것일 뿐이다. 타인이나 세상에 적응하지 못하거나(쌍둥이자리-연인 카드) 공감할 수 없는 발상으로 문제가 발생하며(천칭자리-정의 카드), 자신이 남과 다르다 여기며 다른 이를 멸시하거나 독선에 빠져(물병자리-별 카드) 변질되기 쉬우며, 이런 내용은 카드의 부정적 면모를 드러낸다.

천왕성을 적용하면 기존의 관념을 해체하고 새로운 비전을 독창적으로 발현하는 성질에 따라 새로운 시작이라는 키워드를 강화하게 된다. 이런 기질은 역량이나 준비가 부족할 때는 다른 이들에게 본의 아닌 피해를 입힐 수 있다는 점에서 바보 카드의 부정적 의미인 준비 부족과 무모함과 맞닿아 있음을 확인할 수 있다. 이런 성질은 이 행성이 지배하는 별자리가 물병자리-별 카드라는 점에서 명암을 확인할 수 있다.

이 과정들이 어떤 목적으로 발현되는지 확인하려면 이 행성의 기능이 활성화되는 전갈자리의 성격을 살펴봐야 한다. 죽음 카드가 의미하는 변환과 맞닿아 있으며, 나아가 기존 체제와 다른 새로운 변화를 이끌어낼 목적이 있음을 알게 된다.

바보의 성장

바보 카드는 '광대'가 아닌 '아무것도 모르는 상태의 무지한 바보'를 중심에 두고 상징을 구성했다. 이는 유럽의 전통적인 '바보관'에 기반한 해석이다. 라이더-웨이트 덱의 '바보'와 마르세유 덱의 '미치광이'는 모두 '아무것도 모른다'라는 바보의 상태에서 출발하는데, 이 카드의 기본적인 키워드는 백지에서 하나씩 배워나가며 성인으로 성장하여 업적을 쌓는 유럽 구전 전통을 따른다. 유럽 전통에서 이런 어리고 무지한 바보가 세상으로 모험을 떠나며 성장하는 스토리는 교양소설Bildungsroman이라는 특유의 성장소설 장르로 자리 잡았으며, 그 뿌리는 중세를 뛰어넘어 고대부터 내려온 유구한 전통을 지닌다. 따라서 바보 카드가 가진 풍부한 키워드를 이해하려면, 유럽 문화에 남겨진 바보 이야기를 훑어보는 것이 매우 큰 도움이 된다.

파르치팔

프랑스의 중세 서사 시인 크레티앵 드 트루아가 쓴 『성배 이야기*Perceval ou le Conte du Graal*』와 독일의 중세 서사 시인 볼프람 폰 에셴바흐가 쓴 『파르치팔*Parzival*』의 주인공 파르치팔은 중세 문학에서 가장 중요한 '바보' 캐릭터로 꼽힌다. 특히 볼프람의 『파르치팔』은 바보가 성배왕으로 성장하는 극적인 이야기를 쓴 것으로 유명하다. 어머니의 인도로 사회와 격리된 채 완전한 바보로 태어난 소년 파르치팔이 무지의 소관으로 저지른 무수한 죄(미친 짓으로도 묘사된다)에 대해 좌절하고 자신의 순진무구함을 신념으로 채워가면서 이를 극복하는 이야기는 '바보' 카드가 겪는 다양한 사건의 전형을 보여준다. 바보 카드에서 인물의 복장은 이러한 중세의 전형적인 '무지한 바보'의 옷이며, 왕을 조롱한다든가 세태를 풍자하고 웃음을 주는 것이 아니라 무지를 깨달으면서 지혜를 하나하나 이해해나갈 미래를 암시한다(이는 바보 카드의 옷에 그려진 석류의 상징 의미와 같다).

토빗기

『구약성경』에서 바보의 이미지가 가장 대표적으로 드러난 책은 「토빗기」다. 「토빗기」는 토비엘의 아들 토빗의 모험 여정을 그린 책으로, 이른바 '바보의 여정'을 보여주는 대표적 스토리다. 토비엘의 아들 토빗은 바보로 태어났지만, 아버지의 부탁에 따라 여행길에 오른다. 그의 여정에는 절대자의 가호가 따라다니며, 보이지 않는 곳에서 천사 라파엘이 도움을 준다. 또한 토빗의 모험에는 언제나 동반자로 (인간이 아니라) 개 한 마리가 뒤따르며 함께하는 것으로 묘사된다.

이야기에서 토빗은 천부적인 재능도, 명민한 지혜도 없으나, 순수한 마음을 수호하는 신의 은총과 가호를 받아 사건을 해결하면서 이야기가 진행된다. 완벽한 신의 은총으로 고난을 헤쳐 나가면서 사건을 해결한다는 토빗의 이야기는 바보 카드의 핵심 키워드와 맞닿아 있다.

웨이트가 「토빗기」를 모티브로 바보 카드를 묘사했는지는 알 수 없으나, 『타로의 그림열쇠』의 다음 구절은 많은 것을 시사한다. 개와 천사의 가호(동행)를 언급한 바보 이야기 가운데 가장 유명한 것이 「토빗기」이기 때문이다.

"비록 그가 일정한 순간에 멈추어 있지만 열광적인 걸음의 행위는 은연중에 여전히 표시되며, 개는 여전히 뛰어오르고 있는 중이다. 깊은 나락으로 통하는 절벽의 끝부분은 어떠한 두려움도 내포하지 않는데, 그것은 젊은이가 고지에서 도약할 때 마치 천사들이 그를 받치기 위해서 기다리고 있는 것과도 같다."*

* "his dog is still bounding. The edge which opens on the depth has no terror; it is as if angels were waiting to uphold him, if it came about that he leaped from the height."
아서 에드워드 웨이트, 『타로의 그림열쇠』, 정현근 옮김, 도서출판 타로, 2006, 179쪽.

XXI. THE WORLD.

세계

끝과 완성

End, Complete

완성과 그에 따른 고정을 의미하는 카드다. 모든 단계를 거쳐 완성된 정화이며, 세상에 자신의 모든 것이 선명히 드러난 완성체로 자신의 빛을 발하는 결과물이다. 이 단계에 올라서는 데 성공한 결과물들은 대중이 모두 인정할 정도의 파급력을 지닌다. 그러나 이런 완성은 필연적으로 매너리즘을 일으킨다. 세계 카드는 긍정적인 면에서 완성과 안정을 뜻하며, 이는 카드의 키워드인 완성, 종료, 불변, 일상, 안정 등의 키워드로 귀결한다. 반대로 부정적인 면에선 변함없음, 진부함, 변수 없는 모습 등을 의미하며, 이는 곧 카드의 부정적 키워드인 매너리즘, 구태, 구체제, 변화 없음 등의 단어로 정립된다.

「요한 묵시록」과 관련 있고, 전체 도상은 대림절(크리스마스 시즌)에 장식하는 대림환Advent Wreath 풍습을 바탕으로 디자인돼 있다.

대림환 만도르라의 형상을 본떠 표현한 것으로, 대림시기에 장식하는 가톨릭 전통의 하나다. 녹색의 화환은 메시아가 가져다주는 영원불멸한 생명을 상징한다.[199] 또한 이 형상은 만도르라MANDORLA 또는 아우레올라AUREOLA의 전형적인 도상으로 최후의 심판 이후의 왕국을 상징한다.[200]

매듭 대림환에 묶인 붉은 매듭 두 개는 절대자의 사랑과 약속을 뜻한다.[201] 또한 '알파와 오메가', '시작과 끝'을 상징한다. 이에 관한 상징색은 적색이며, 「요한 묵시록」에 따르면 최후의 심판 이후의 새 왕국에서 다시 언급된다.[202] 매듭 두 개는 또한 바보 카드와 태양 카드 머리 위에 달린 붉은 깃털로, 약속받은 사람의 속성을 표현한다.

베일veil 초월적 신비를 상징한다.[203] 또한 연금술적으로 완전체인 헤르마프로디토스Hermaphroditos를 의미하는 장치이며, 모든 것이 조화롭게 완성됨을 뜻한다.[204] 마법사 카드에서 등장한 (마법사의 허리를 두르고 있던) 우주사宇宙蛇를 뜻하기도 하며, 영겁회귀의 매듭이 풀렸음을 암시하기도 한다.

구름 신의 힘이 지상에 개입함을 뜻한다.[205] 테트라모프 네 귀퉁이의 구름은 흘러감을 보여주면서 상승/하강의 경로에 있음을 나타낸다. 이는 셰키나Shekhinah의 현신이 드러남을 보여주면서, 이 여인이 움직이는 수단을 암시한다. 다시 말해, 셰키나가 메르카바를 통해 천상에서 지상으로 나아감을 뜻한다.

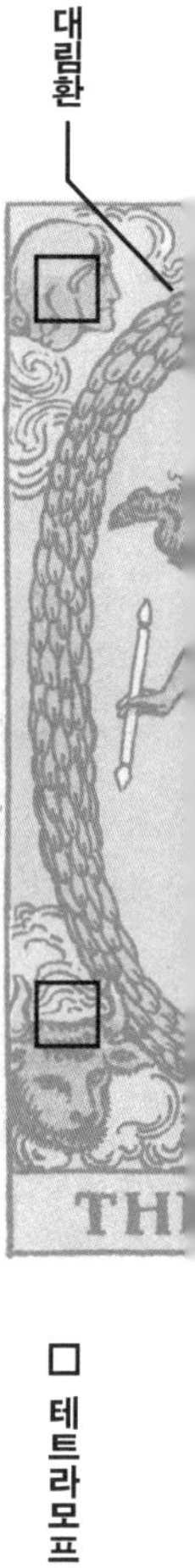

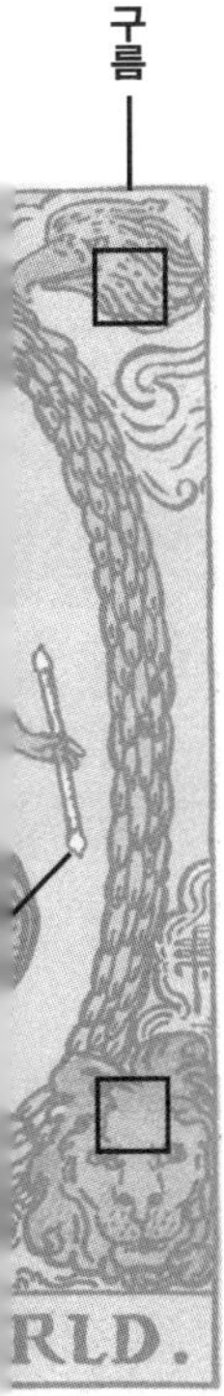

테트라모프 에제키엘의 환시가 아니라 「요한 묵시록」의 환시를 묘사했다. 구도는 운명의 수레바퀴 카드와 같으나, 완전히 다른 의미를 지닌다. 에제키엘의 환시에서 테트라모프는 진리의 발설을 금하는 표지이지만, 이 카드에서는 종국에 이르러 곧 이루어질 완성을 테트라모프가 찬미하는 모습을 보여주고자 그려졌다.[206] 이를 메르카바 전통에 기반해 해석하면, 운명의 수레바퀴 카드에서 드러났던 전차가 천상에 닿아 현신하고 있음을 뜻한다. 또한 이 상징은 4원소의 각 요소를 구성하는 축으로도 묘사된다.

여인 「요한 묵시록」 21장의 '신부'를 상징한다.[207] 따라서 카발라적으로 셰키나 자체를 의미하며, 신의 의지가 충만한 왕국이 완성됐음을 뜻한다.[208] 그녀는 조화로운 춤을 추고 있으며 새 왕국에 새 에너지를 불어넣고 있다.[209]

그리스도의 초 여인이 쥔 흰 양초 두 개는 그리스도의 초Christ candle로, 대림환 전통에서는 '메시아의 강림'을 상징한다.[210] 이 전통에 따르면 양초 두 개의 끝에 달린 불빛 네 개는 '네 시대'를 뜻하며, 이를 다시 기독교적 카발라주의 전통으로 치환하면 네 번의 세계를 상징한다. 흰 양초 두 개는 이 여인의 위상과 더불어 이 카드가 발현되는 시기를 보여준다. 그녀는 네 시대가 모두 달성됐을 때 드러나는 현신임을 뜻한다. 또한 이 상징은 마법 지팡이가 지닌 권능의 실현에 대한 매개물이다.[211]

이 자리에 이르러 모든 변화는 멈추며 완성에 닿았기에 더는 무언가를 할 수 있는 상황이 아니라는 의미를 드러낸다. 그렇기에 최악의 상황에서 나타나는 세계 카드는 좋지 못한 상황이 영원히 계속될 수 있음을 뜻한다는 데 유의해야 한다.

수많은 상징이 이곳에서 모든 것이 끝나고 완성됨을 의미한다. 이 종결은 '변환'을 기다리는 죽음 카드와 완전히 다른 성질의 끝이다. 성자가 승천할 때 약조했던 것들이 이루어지며, 세상에 임재한 신성에 인정받았음을 보여준다. 나아가 자신의 기반이 하나의 세계와 같이 구축되었음을 보여준다. 어떤 의지가 태어난 뒤에 그것을 위대한 의지로 거듭해 세계와 동화하고 인정받는 과정을 마무리하게 된다.

이 모든 과정을 사람은 피할 수 없다고 말하는 것이 메이저 아르카나 22장의 진정한 의미다. 단순히 신의 개입이나 종교적 관점은 그저 글쓴이의 의견, 곧 이 덱을 쓰는 이에게 제작자가 전하려 했던 자신들만의 이야기이자 비의秘意였다고 할 수 있다. 세상의 다양한 모든 것이 존재 의미가 있음을 역설하며, 세상의 완벽한 완성을 이루려 다시 다른 세상으로 승격/하강함으로써 단순히 끝을 의미하지 않고 새로운 시작의 계승을 필요하게 된다. 번호 없는 바보 카드는 그래서 배치됐다.

세계 카드는 끝과 완성을 뜻하며, 완성으로 멈추지 않고 다시 새로운 시작과 맞닿아 있음을 깨달으라는 충고이기도 하다.

연금술: 질료와 작업자 이 단계는 현자의 돌을 완성하며 혼의 정련에 성공한 질료와 작업자를 뜻한다. 구원자가 약속했을 때 언급한 "하늘에서와 같이 땅에서도 (내 뜻이) 이루어지리라"라는 말이 성립하는 순간이며, 이로써 궁극적 목표(카발라에서 메르카바의 현신 또는 연금술에서 완성의 순간)에 다다랐음을 상징들을 통해 보여준다. 연금술적 의미로 이 내용을 명백하게 보여주는 것이 바로 양성구유를 은유하는 모습이다. 또한 세계 카드에 배정된 행성인 토성은 연금술적으로 납을 의미한다. 그렇기에 위와 같이 서술한 감동적인 이야기의 후일담을 다음과 같이 묘사할 수 있다. 이제 모든 이야기는 종료됐으며, 정련된 혼은 세상의 한 축이 될 것이다. 그러나 이야기는 계속돼야 하며, 세상 속에 늘 존재하는 요소로 자리할 것이다.

카발라: 기초(이소드) → 왕국(말쿠트) '관리의 지성'

이곳에서는 다른 천체들의 운동을 통제한다 여겨졌다. 이는 곧 세상에 존재하는 대립물 외에 다른 다양한 형질과 성질을 지닌 것들을 통제함으로써 세상을 구성하는 모든 요소가 응당 향해야 할 것을 추구할 수 있게끔 바로잡는 역할을 수행함을 함축해 표현한 것이다. 또한 이로써 중심 기둥이 완성되며, 이를 통해 천상이 아닌 지상에 드러날 셰키나가 자리 잡았음을 확인하게 된다. 형체 없는 신성이 발출(케텔)하며 그 형체를 다른 세피라들의 정수를 통해 구현되기 시작한 얼굴(티페레트)이 더 명확히 세상을 향해 나아가(이소드) 왕국(말쿠트)을 이뤄냄을 알 수 있게 된다.

상징에서도 드러나듯 이런 완성의 과정을 통해 이들은 태초의 실락에서 추락한 셰키나의 입지를 바로 세울 수 있음을 보여준다. 시작과 끝은 항상 맞닿아 있으며, 이를 통해 이 거대한 순환의 고리가 유구함을 보여준다. 세상은 다시 이곳까지 도달하는 데 성공한 이들을 위해, 또는 성공한 이들에 의해 다시 거대한 운명의 수레바퀴를 돌리게 된다. 그들에게 무엇이 있을지는 모를 수 있으나 이곳까지 당도한 이들은 그 과정이 모두 동일함을 확신하게 된다.

♄ **점성술: 토성** 눈으로 볼 수 있는 행성 가운데 가장 멀리 있다. 토성은 세계 카드 자체가 의미하는 세상 그 자체가 그저 완벽하기만 한 것이 아니며, 그만큼 빛과 그림자가 대비됨을 표현한다.

또한 4대 원소 가운데 흙이 이 카드에 배정돼 있다. 흙의 원소로 이를 이해하면, 이 속성에 해당하는 황소자리, 처녀자리, 염소자리의 성질을 모두 확인할 필요가 있다. 간단히 설명하면, 전통적(황소자리)으로 형성된 정밀한 요소들(처녀자리)을 통해 세상을 유지하려는(염소자리) 모습으로 이해할 수 있다. 각 별자리들은 교황 카드, 은둔자 카드, 악마 카드와 연계해서 교육하고 전승하는 전통(교황 카드)에 따라 곳곳에 진리가 숨어 있으나 드러나지 않은(은둔자 카드) 필요악 요소로 하여금 유지되는(염소자리) 것임을 확인할 수 있다.

이런 요소를 부정적 관점에서 본다면, 고인 물이 썩는 것처럼 쇠락하게 되며 끝내는 외부 요인으로 세상이라는 기반 전체가 무너질 수 있음을 역설한다. 다시 말해, 완성 직후에는 완벽해 보일 수 있으나, 현실의 변화에 적응하지 못하거나 완성된 구조 자체에서 작동돼야 하는 당연한 것들이 누수 현상을 일으키거나 체제 자체의 모순 또는 타락의 문제가 발생하는 상황으로 이어진다.

또한, 토성을 통해 이해하면 이 천체의 성질은 시작이 있으면 끝이 있듯 모든 것을 기계적이라고 할 정도로 거둬가는 모습으로 표현되는데, 이를 확인하려면 토성이 어떤 별자리들을 주관하는지 확인할 필요가 있다. 이는 곧 염소자리와 물병자리이며, 구축된 세상에서 목표를 달성하고자 부조리에 복종해야 할 때가 있음을 의미한다. 이 의미는 악마 카드를 통해 현실화 과정에서 발생하는 필요악의 모습으로 형성된다. 하지만 현실화에 성공한 사람들로 인해 변화(별 카드)하거나, 모두가 평등하게 이곳에서 각자의 역할을 하는 모습(물병자리)에서 대국적으로 보편성을 획득함도 확인할 수 있다.

이 거대한 세계가 변화할 때 어떤 모습을 취하는지 확인하려면 이 행성의 기능이 활성화되는 별자리를 확인해야 한다. 이는 전갈자리다. 변혁은 모든 것이 송두리째 바뀌고 세상이 변화하며 충격에 견디지 못하는 자들을 배제한다. 반대로 충격을 견뎌낸 자에게 새로운 모습으로 나타나는 생경한 세상을 보여주는 것을 죽음 카드를 통해 확언한다.

만도를라

이 카드의 전체 도상은 만도를라-아우레올라의 전형을 따른다. 만도를라는 '아몬드'라는 뜻으로, 타원형 후광 안에 메시아를 둔 도상이다. 전통적으로 만도를라는 종말론 이후의 완성된 세계를 묘사하는 도상으로 「요한 묵시록」 22장의 내용을 표현했다고 알려져 있다. 이 카드의 키워드는 「요한 묵시록」 21장을 바탕으로 하나, 상징 배경은 21장 이후의 이야기인 22장의 내용이 큰 역할을 한다.

세계 카드에서는 전통적인 만도를라에서 두 가지 도상이 변형돼 있다. 먼저 중심에 위치한 예수를 「요한 묵시록」 21장 9절과 22장 17절에 등장하는 '신부'로 변형했다. 이는 카발라 상징으로서 말쿠트의 완성으로서 '셰키나'를 묘사하기 위함이다. 이를 통해 앞의 심판 카드에서 '최후의'라는 수식어를 제외해서 순환을 암시하는 대신, 이 카드에서는 '완전히 종말적인, 최후의 고정된 완성'을 보여준다.

대림환

이 카드는 종말론적 키워드, 순환의 '끝'으로서의 종말과 종결을 의미하고자 추상적 상징을 모두 현실적으로 묘사했다. 그래서 만도를라의 후광은 기독교 전통에서 종말론적 구원을 상징하는 대림환으로 교체됐다. 대림환은 성탄절 전후로 대문에 걸어놓는 화환으로, 녹색 화환은 불멸의 생명을 의미하고 적색 매듭과 열매는 메시아의 약속과 '시작과 끝'(묵시 22:13)을 뜻한다. 이로써 신앙을 믿는 자들에게 시작과 끝을 동시에 드러내면서 순환의 매듭을 끊고 완성으로 말미암은 종결(종말론적 구원)을 표현한다. 이 카드의 종말론 표현은 신앙에 대한 현실적 지표로 변형되며, 이는 키워드에 그대로 적용된다.

미주

1 도널드 마이클 크레이그, 『마법의 이론과 실전, 모던 매직』, 김태항 옮김, 물병자리, 2005
2 Alva William Steffler, *Symbols of the Christian Faith*, Wm.B.Eerdmans Publishing, 2002
3 전통적으로 머리띠는 의지를 고취하거나 목표를 달성하려 투쟁하고 있다는 점을 드러내는 상징으로 쓰였다.
4 데이비드 폰태너, 『상징의 비밀』, 최승자 옮김, 문학동네, 1998
5 진 쿠퍼, 『그림으로 보는 세계문화상징사전』, 이윤기 옮김, 까치, 1994
6 스티븐 세일러, 『로마 서브 로사 1』, 박웅희 옮김, 추수밭, 2009에서 재인용
7 스티븐 횔러, 『이것이 영지주의다』, 이재길 옮김, 샨티, 2006
8 데이비드 폰태너, 『상징의 비밀』, 최승자 옮김, 문학동네, 1998
9 "나는 샤론의 장미, 골짜기의 백합이랍니다. / 아가씨들 사이에 있는 나의 애인은 엉겅퀴 사이에 핀 백합 같구나. / 젊은이들 사이에 있는 나의 연인은 숲 속 나무들 사이의 사과나무 같답니다. 그이의 그늘에 앉는 것이 나의 간절한 소망 그이의 열매는 내 입에 달콤하답니다." (아가 2:1)
10 진 쿠퍼, 『그림으로 보는 세계문화상징사전』, 이윤기 옮김, 까치, 1994
김융희, 『예술, 세계와의 주술적 소통』, 책세상, 2000
최정은, 『동물·괴물지·엠블럼, 중세의 지식과 상징』, 휴머니스트, 2005
11 E. Swedenborg, http://www.biblemeanings.info/Words/Artifact/Belt.htm에서 재인용
12 진 쿠퍼, 『그림으로 보는 세계문화상징사전』, 이윤기 옮김, 까치, 1994
13 찰스 폰스, 『카발라』, 조하선 옮김, 물병자리, 1997
14 Aleister Crowley, *Magick : Book 4*, 1997
데이비드 폰태너, 『상징의 비밀』, 최승자 옮김, 문학동네, 1998
15 허영엽, 『성경 속 동물과 식물』, 평화방송·평화신문, 2009
『구약성경』「열왕기 상권」7:42
Ronald H. Isaacs, *Why Hebrew Goes from Right to Left: 201 Things You Never Knew about Judaism*, Newark, 2008(http://en.wikipedia.org/wiki/Pomegranate에서 재인용)
16 찰스 폰스, 『카발라』, 조하선 옮김, 물병자리, 1997
17 "그는 안쪽 성소에 올리브 나무로 높이가 열 암마 되는 커룹을 둘 만들어 놓았다." (1열왕 6:23-27)
18 미셸 크리스티안스, 『성서의 상징 50』, 장익 옮김, 분도출판사, 2002
19 에바 헬러, 『색의 유혹』, 이영희 옮김, 예담, 2002
데이비드 폰태너, 『상징의 비밀』, 최승자 옮김, 문학동네, 1998
미셸 파스투로, 『블루, 색의 역사 : 성모 마리아에서 리바이스까지』, 고봉만, 김연

실 공역, 한길아트, 2002
20 진 쿠퍼, 『그림으로 보는 세계문화상징사전』, 이윤기 옮김, 까치, 1994
21 데이비드 폰태너, 『상징의 비밀』, 최승자 옮김, 문학동네, 1998
22 다이안 포춘, 『미스티컬 카발라』, 정은주 옮김, 좋은글방, 2009
23 레이첼 폴락, 『타로카드 100배 즐기기』, 이선화 옮김, 물병자리, 2005
찰스 폰스, 『카발라』, 조하선 옮김, 물병자리, 1997
24 "네가 짓는 이 집을 두고 하는 말이다. 만일 네가 나의 규정대로 걷고 내 법규를 따르며 나의 모든 계명을 지켜 그대로 걸으면, 나는 네 아버지 다윗에게 말한 것을 너에게 이루어 주겠다." (1열왕 6:12)
25 "그는 안쪽 성소에 올리브 나무로 높이가 열 암마 되는 커룹을 둘 만들어 놓았다." (1열왕 6:23-27)
26 카를 구스타프 융, 『인간과 상징』, 이윤기 옮김, 열린책들, 2009
27 Courtney Alexander, 'Berries as symbols and in folklore', *New York Berry News Vol.6*, 2007
28 진 쿠퍼, 『그림으로 보는 세계문화상징사전』, 이윤기 옮김, 까치, 1994
29 Aleister Crowley, Frieda Harris, *The Book of Thoth*, The Equinox, 1981
30 네이버캐스트 : 미술의 세계 - 프랑스국립박물관연합(RMN)의 "성모 마리아" 항목에서 재인용
31 데이비드 폰태너, 『상징의 비밀』, 최승자 옮김, 문학동네, 1998
카를 구스타프 융, 『인간과 상징』, 이윤기 옮김, 열린책들, 2009
32 Eric John Holmyard, *Alchemy*, Penguin Books, 1957
레이첼 폴락, 『타로카드 100배 즐기기』, 이선화 옮김, 물병자리, 2005
33 진 쿠퍼, 『그림으로 보는 세계문화상징사전』, 이윤기 옮김, 까치, 1994
데이비드 폰태너, 『상징의 비밀』, 최승자 옮김, 문학동네, 1998
34 "강 하나가 에덴에서 흘러나와 동산을 적시고 그곳에서 갈라져 네 줄기를 이루었다. 첫째 강의 이름이 피손인데, 금이 나는 하윌라 온 땅을 돌아 흘렀다." (창세 2:10-11)
레이첼 폴락, 『타로카드 100배 즐기기』, 이선화 옮김, 물병자리, 2005
35 진 쿠퍼, 『그림으로 보는 세계문화상징사전』, 이윤기 옮김, 까치, 1994
데이비드 폰태너, 『상징의 비밀』, 최승자 옮김, 문학동네, 1998
36 유기천, 『인간의 점성학』, 정신세계사, 2002
37 http://en.wikipedia.org/wiki/Imperial_Crown_of_the_Holy_Roman_Empire
38 데이비드 폰태너, 『상징의 비밀』, 최승자 옮김, 문학동네, 1998
39 가이우스 율리우스 카이사르, 『갈리아 전기』, 박광순 옮김, 종합출판범우, 2006
40 "둘째 강 이름은 기혼인데, 에티오피아 온 땅을 돌아 흘렀다." (창세 2:13)
41 진 쿠퍼, 『그림으로 보는 세계문화상징사전』, 이윤기 옮김, 까치, 1994
42 Leslie Brubaker, *Dictionary of the Middle Ages: Vol.5*, 2004
진 쿠퍼, 『그림으로 보는 세계문화상징사전』, 이윤기 옮김, 까치, 1994

43 진 쿠퍼, 『그림으로 보는 세계문화상징사전』, 이윤기 옮김, 까치, 1994
44 http://www.blatner.com/adam/consctransf/deepmaturity/4-alchemysoul.html
http://www.labyrinthdesigners.org/alchemic-pictures/cabala-mineralis-three-salts-enigma
45 진 쿠퍼, 『그림으로 보는 세계문화상징사전』, 이윤기 옮김, 까치, 1994
46 페터 제발트, 『가톨릭에 관한 상식사전』, 이기숙 옮김, 보누스, 2008
47 페터 제발트, 『가톨릭에 관한 상식사전』, 이기숙 옮김, 보누스, 2008
48 페터 제발트, 『가톨릭에 관한 상식사전』, 이기숙 옮김, 보누스, 2008
진 쿠퍼, 『그림으로 보는 세계문화상징사전』, 이윤기 옮김, 까치, 1994
49 한국천주교중앙협의회, 『가톨릭 교회 교리서』, 한국천주교중앙협의회, 2008
50 가스펠 서브, 『교회용어사전 : 교파 및 역사』, 생명의말씀사, 2013
51 Theodore A. Koehler, 'The Christian Symbolism of the Rose Our Lady and the Rose', *Roses and the Arts: A Cultural and Horticultural Engagement*, Central State University, Wilberforce, Ohio, 1986
52 페터 제발트, 『가톨릭에 관한 상식사전』, 이기숙 옮김, 보누스, 2008
53 진 쿠퍼, 『그림으로 보는 세계문화상징사전』, 이윤기 옮김, 까치, 1994
54 미르치아 엘리아데, 『성과 속』, 이은봉 옮김, 한길사, 1998
55 미셸 파스투로, 『블루, 색의 역사 : 성모 마리아에서 리바이스까지』, 고봉만, 김연실 공역, 한길아트, 2002
56 아서 에드워드 웨이트, 『타로의 그림열쇠』, 정현근 옮김, 타로, 2006
57 존 밀턴, 『실낙원』, 이창배 옮김, 종합출판범우, 2013
58 진 쿠퍼, 『그림으로 보는 세계문화상징사전』, 이윤기 옮김, 까치, 1994
59 데이비드 폰태너, 『상징의 비밀』, 최승자 옮김, 문학동네, 1998
60 이동진, 『제2의 성서 : 아포크리파』, 해누리기획, 2001
로사 조르지, 『천사와 악마, 그림으로 읽기』, 정상희 옮김, 예경, 2010
존 밀턴, 『실낙원』, 이창배 옮김, 종합출판범우, 2013
61 존 밀턴, 『실낙원』, 이창배 옮김, 종합출판범우, 2013
62 진 쿠퍼, 『그림으로 보는 세계문화상징사전』, 이윤기 옮김, 까치, 1994
63 미셸 크리스티안스, 『성서의 상징 50』, 장익 옮김, 분도출판사, 2002
64 W. F. Albright, 'What Were the Cherubim?', *The Biblical Archaeologist 1*, 1938
65 "이렇게 사람을 내쫓으신 다음, 에덴 동산 동쪽에 커룹들과 번쩍이는 불칼을 세워, 생명 나무에 이르는 길을 지키게 하셨다." (창세 3:24)
66 존 밀턴, 『실낙원』, 이창배 옮김, 종합출판범우, 2013
아서 에드워드 웨이트, 『타로의 그림열쇠』, 정현근 옮김, 타로, 2006
67 Stanton J. Linden, *The alchemy reader: from Hermes Trismegistus to Isaac Newton*, Cambridge University Press, 2003
이 책 13쪽, 연금술에 대해 12단계 참고

아서 에드워드 웨이트, 『타로의 그림열쇠』, 정현근 옮김, 타로, 2006
68 진 쿠퍼, 『그림으로 보는 세계문화상징사전』, 이윤기 옮김, 까치, 1994
카를 구스타프 융, 『인간과 상징』, 이윤기 옮김, 열린책들, 2009
69 카아라 데카포아, 『구약성서, 그림으로 읽기』, 김숙 옮김, 예경, 2006
70 찰스 폰스, 『카발라』, 조하선 옮김, 물병자리, 1997
카아라 데카포아, 『구약성서, 그림으로 읽기』, 김숙 옮김, 예경, 2006
71 미셸 크리스티안스, 『성서의 상징 50』, 장익 옮김, 분도출판사, 2002
72 진 쿠퍼, 『그림으로 보는 세계문화상징사전』, 이윤기 옮김, 까치, 1994
73 마틸데 바티스티니, 『점성술·마법·연금술, 그림으로 읽기』, 박찬원 옮김, 예경, 2010
아서 에드워드 웨이트, 『타로의 그림열쇠』, 정현근 옮김, 타로, 2006
74 존 밀턴, 『실낙원』, 이창배 옮김, 종합출판범우, 2013
75 진 쿠퍼, 『그림으로 보는 세계문화상징사전』, 이윤기 옮김, 까치, 1994
76 진 쿠퍼, 『그림으로 보는 세계문화상징사전』, 이윤기 옮김, 까치, 1994
77 Walter E.Gast, *Symbols in Christian Art & Architecture*, 2000
http://www.planetgast.net/symbols/stars/stars.html
78 레이첼 폴락, 『타로카드 100배 즐기기』, 이선화 옮김, 물병자리, 2005
79 F.C 앤드레스, 『수의 신비와 마법』, 고려원, 1996
데이비드 폰태너, 『상징의 비밀』, 최승자 옮김, 문학동네, 1998
80 아빌라의 테레사, 『내면의 성』, 황혜정 옮김, 요단출판사, 2011
81 Michael Maier, *Atalanta Fugiens*, 1618
Catherine Macoun, *On Becoming An Alchemist*, Trumpeter, 2008
82 진 쿠퍼, 『그림으로 보는 세계문화상징사전』, 이윤기 옮김, 까치, 1994
83 http://www.thesheschool.com/program-details/
84 "셋째 강의 이름은 티그리스인데, 아시리아 동쪽으로 흘렀다. 그리고 넷째 강은 유프라테스이다." (창세 2:14)
85 최정은, 『동물·괴물지·엠블럼, 중세의 지식과 상징』, 휴머니스트, 2005
86 베로니카 이온스, 『이집트 신화』, 심재훈 옮김, 범우사, 2003
87 베로니카 이온스, 『이집트 신화』, 심재훈 옮김, 범우사, 2003
데이비드 폰태너, 『상징의 비밀』, 최승자 옮김, 문학동네, 1998
88 진 쿠퍼, 『그림으로 보는 세계문화상징사전』, 이윤기 옮김, 까치, 1994
89 카를 구스타프 융, 『인간과 상징』, 이윤기 옮김, 열린책들, 2009
90 에바 헬러, 『색의 유혹』, 이영희 옮김, 예담, 2002
진 쿠퍼, 『그림으로 보는 세계문화상징사전』, 이윤기 옮김, 까치, 1994
91 카를 구스타프 융, 『인간과 상징』, 이윤기 옮김, 열린책들, 2009
조지프 캠벨, 『천의 얼굴을 가진 영웅』, 이윤기 옮김, 민음사, 2004
마틸데 바티스티니, 『점성술·마법·연금술, 그림으로 읽기』, 박찬원 옮김, 예경, 2010

92 유기천, 『인간의 점성학』, 정신세계사, 2002
93 페터 제발트, 『가톨릭에 관한 상식사전』, 이기숙 옮김, 보누스, 2008
94 진 쿠퍼, 『그림으로 보는 세계문화상징사전』, 이윤기 옮김, 까치, 1994
미셸 크리스티안스, 『성서의 상징 50』, 장익 옮김, 분도출판사, 2002
95 "Lanterns are also used to transport the Holy Fire from the Church of the Holy Sepulchre on Great Saturday during Holy Week."
96 스티븐 횔러, 『이것이 영지주의다』, 이재길 옮김, 샨티, 2006
97 Walter E.Gast, *Symbols in Christian Art & Architecture*, 2000
98 도널드 마이클 크레이그, 『마법의 이론과 실전, 모던 매직』, 김태항 옮김, 물병자리, 2005
99 찰스 폰스, 『카발라』, 조하선 옮김, 물병자리, 1997
Walter E.Gast, *Symbols in Christian Art & Architecture*, 2000
100 "그러나 주님께서 다윗과 맺으신 계약 때문에, 또 일찍이 다윗과 그 자손에게 영원한 등불을 주시겠다고 말씀하셨기 때문에, 다윗의 집안은 멸망시키려고 하지는 않으셨다." (2역대 21:7)
101 『미디어 종사자를 위한 천주교 용어 자료집』 2011, 한국천주교중앙협의회
102 한국천주교중앙협의회, 『로마 미사 경본』, 한국천주교중앙협의회, 2008
103 "이렇게 대답하여라. '그것은 주님을 위한 파스카 제사이다. 그분께서는 이집트인들을 치실 때, 이스라엘 자손들의 집을 거르고 지나가시어, 우리 집들을 구해 주셨다.'" 그러자 백성은 무릎을 꿇고 경배하였다." (탈출 12:27)
104 앙드레 그라바, 『기독교 도상학의 이해』, 박성은 옮김, 이화여자대학교출판부, 2007
105 페터 제발트, 『가톨릭에 관한 상식사전』, 이기숙 옮김, 보누스, 2008
106 "하느님께서는 시나이 산에서 모세와 말씀을 다 하신 다음, 당신 손가락으로 쓰신, 돌로 된 두 증언판을 그에게 주셨다." (탈출 31:18)
107 "파라오가 너희에게 '기적을 일으켜 보아라.' 하거든, 너는 아론에게 지팡이를 집어 파라오 앞으로 던지라고 말하여라. 그것이 큰 뱀이 될 것이다." / "그들이 저마다 자기 지팡이를 던지자, 그것들도 큰 뱀이 되었다. 그러나 아론의 지팡이가 그들의 지팡이들을 삼켜 버렸다." (탈출 7:9, 7:13)
108 진 쿠퍼, 『그림으로 보는 세계문화상징사전』, 이윤기 옮김, 까치, 1994
109 진 쿠퍼, 『그림으로 보는 세계문화상징사전』, 이윤기 옮김, 까치, 1994
110 진 쿠퍼, 『그림으로 보는 세계문화상징사전』, 이윤기 옮김, 까치, 1994
111 "더욱이 내가 네 혀를 입천장에 붙여 너를 벙어리로 만들어서, 그들을 꾸짖지 못하게 하겠다. 그들은 반항의 집안이기 때문이다. 그러나 내가 너와 이야기할 그때에 너의 입을 열어 줄 터이니, 너는 '주 하느님이 이렇게 말한다.' 하고 그들에게 말하여라." (에제 3:26-27)
112 이 책 98쪽 참고.
113 "그들의 얼굴 형상은 사람의 얼굴인데, 넷이 저마다 오른쪽은 사자의 얼굴이고

왼쪽은 황소의 얼굴이었으며 독수리의 얼굴도 있었다." / "내가 그 생물들을 바라보니, 생물들 옆 땅바닥에는 네 얼굴에 따라 바퀴가 하나씩 있었다. 그 바퀴들의 모습과 생김새는 빛나는 녹주석 같은데, 넷의 형상이 모두 같았으며, 그 모습과 생김새는 바퀴 안에 또 바퀴가 들어 있는 것 같았다." (에제 1:10, 1:15-16)

114 아서 에드워드 웨이트, 『타로의 그림열쇠』, 정현근 옮김, 타로, 2006

115 진 쿠퍼, 『그림으로 보는 세계문화상징사전』, 이윤기 옮김, 까치, 1994

116 데이비드 폰태너, 『상징의 비밀』, 최승자 옮김, 문학동네, 1998

117 에바 헬러, 『색의 유혹』, 이영희 옮김, 예담, 2002

118 네이버 영어사전 'Mural crown'

119 진 쿠퍼, 『그림으로 보는 세계문화상징사전』, 이윤기 옮김, 까치, 1994

120 진 쿠퍼, 『그림으로 보는 세계문화상징사전』, 이윤기 옮김, 까치, 1994

121 아서 에드워드 웨이트, 『타로의 그림열쇠』, 정현근 옮김, 타로, 2006

122 페터 제발트, 『가톨릭에 관한 상식사전』, 이기숙 옮김, 보누스, 2008

123 진 쿠퍼, 『그림으로 보는 세계문화상징사전』, 이윤기 옮김, 까치, 1994

124 페터 제발트, 『가톨릭에 관한 상식사전』, 이기숙 옮김, 보누스, 2008

125 가이 오길비, 『연금술사의 부엌』, 고중숙 옮김, 시스테마, 2010

126 아서 에드워드 웨이트, 『타로의 그림열쇠』, 정현근 옮김, 타로, 2006
진 쿠퍼, 『그림으로 보는 세계문화상징사전』, 이윤기 옮김, 까치, 1994

127 아서 에드워드 웨이트, 『타로의 그림열쇠』, 정현근 옮김, 타로, 2006

128 마틸데 바티스티니, 『상징과 비밀, 그림으로 읽기』, 조은정 옮김, 예경, 2009
데이비드 폰태너, 『상징의 비밀』, 최승자 옮김, 문학동네, 1998

129 마틸데 바티스티니, 『상징과 비밀, 그림으로 읽기』, 조은정 옮김, 예경, 2009
데이비드 폰태너, 『상징의 비밀』, 최승자 옮김, 문학동네, 1998

130 카를 구스타프 융, 『인간과 상징』, 이윤기 옮김, 열린책들, 2009
데이비드 폰태너, 『상징의 비밀』, 최승자 옮김, 문학동네, 1998

131 데이비드 폰태너, 『상징의 비밀』, 최승자 옮김, 문학동네, 1998

132 아서 에드워드 웨이트, 『타로의 그림열쇠』, 정현근 옮김, 타로, 2006
정현근, 『미래를 보는 여섯가지 방법』, 동학사, 1999

133 아서 에드워드 웨이트, 『타로의 그림열쇠』, 정현근 옮김, 타로, 2006

134 마틸데 바티스티니, 『점성술·마법·연금술, 그림으로 읽기』, 박찬원 옮김, 예경, 2010

135 데이비드 폰태너, 『상징의 비밀』, 최승자 옮김, 문학동네, 1998
진 쿠퍼, 『그림으로 보는 세계문화상징사전』, 이윤기 옮김, 까치, 1994

136 "셋째 강의 이름은 티그리스인데, 아시리아 동쪽으로 흘렀다. 그리고 넷째 강은 유프라테스이다." (창세 2:14)

137 정현근, 『미래를 보는 여섯가지 방법』, 동학사, 1999

138 찰스 폰스, 『카발라』, 조하선 옮김, 물병자리, 1997

139 이동진, 『제2의 성서 : 아포크리파』, 해누리기획, 2001

로사 조르지, 『천사와 악마, 그림으로 읽기』, 정상희 옮김, 예경, 2010
140 도널드 마이클 크레이그, 『마법의 이론과 실전, 모던 매직』, 김태항 옮김, 물병자리, 2005
Aleister Crowley, *Magick : Book 4*, 1997
141 이동진, 『제2의 성서: 아포크리파』, 해누리기획, 2001
142 데이비드 폰태너, 『상징의 비밀』, 최승자 옮김, 문학동네, 1998
도널드 마이클 크레이그, 『마법의 이론과 실전, 모던 매직』, 김태항 옮김, 물병자리, 2005
F. C. 앤드레스, 『수의 신비와 마법』, 고려원, 1996
143 페터 제발트, 『가톨릭에 관한 상식사전』, 이기숙 옮김, 보누스, 2008
144 미셸 크리스티안스, 『성서의 상징 50』, 장익 옮김, 분도출판사, 2002
페터 제발트, 『가톨릭에 관한 상식사전』, 이기숙 옮김, 보누스, 2008
145 데이비드 폰태너, 『상징의 비밀』, 최승자 옮김, 문학동네, 1998
146 가이 오길비, 『연금술사의 부엌』, 고중숙 옮김, 시스테마, 2010
147 레이첼 폴락, 『타로카드 100배 즐기기』, 이선화 옮김, 물병자리, 2005
148 진 쿠퍼, 『그림으로 보는 세계문화상징사전』, 이윤기 옮김, 까치, 1994
149 아서 에드워드 웨이트, 『타로의 그림열쇠』, 정현근 옮김, 타로, 2006
진 쿠퍼, 『그림으로 보는 세계문화상징사전』, 이윤기 옮김, 까치, 1994
150 진 쿠퍼, 『그림으로 보는 세계문화상징사전』, 이윤기 옮김, 까치, 1994
도널드 마이클 크레이그, 『마법의 이론과 실전, 모던 매직』, 김태항 옮김, 물병자리, 2005
151 Ben Johnson, *Michaelmas*, Historic UK, 2013
152 Rob taylor, *Michaelmas Traditions*, Black Country Bugle, 2010.10.7.
153 아서 에드워드 웨이트, 『타로의 그림열쇠』, 정현근 옮김, 타로, 2006
154 진 쿠퍼, 『그림으로 보는 세계문화상징사전』, 이윤기 옮김, 까치, 1994
155 존 밀턴, 『실낙원』, 이창배 옮김, 종합출판범우, 2013
156 찰스 폰스, 『카발라』, 조하선 옮김, 물병자리, 1997
157 찰스 폰스, 『카발라』, 조하선 옮김, 물병자리, 1997
158 데이비드 폰태너, 『상징의 비밀』, 최승자 옮김, 문학동네, 1998
159 찰스 폰스, 『카발라』, 조하선 옮김, 물병자리, 1997
160 진 쿠퍼, 『그림으로 보는 세계문화상징사전』, 이윤기 옮김, 까치, 1994
161 진 쿠퍼, 『그림으로 보는 세계문화상징사전』, 이윤기 옮김, 까치, 1994
162 데이비드 폰태너, 『상징의 비밀』, 최승자 옮김, 문학동네, 1998
163 진 쿠퍼, 『그림으로 보는 세계문화상징사전』, 이윤기 옮김, 까치, 1994
164 http://harvestmission.or.kr/taber19.htm
165 찰스 폰스, 『카발라』, 조하선 옮김, 물병자리, 1997
166 카를 구스타프 융, 『인간과 상징』, 이윤기 옮김, 열린책들, 2009
167 진 쿠퍼, 『그림으로 보는 세계문화상징사전』, 이윤기 옮김, 까치, 1994

168 유기천, 『인간의 점성학』, 정신세계사, 2002
169 David Sacks, *A Dictionary of the Ancient Greek World*, Oxford University Press US, 1997
170 카를 구스타프 융, 『인간과 상징』, 이윤기 옮김, 열린책들, 2009
171 진 쿠퍼, 『그림으로 보는 세계문화상징사전』, 이윤기 옮김, 까치, 1994
172 안드레아 아로마티코, 『연금술』, 시공사, 1998
173 데이비드 폰태너, 『상징의 비밀』, 최승자 옮김, 문학동네, 1998
174 진 쿠퍼, 『그림으로 보는 세계문화상징사전』, 이윤기 옮김, 까치, 1994
175 안드레아 아로마티코, 『연금술』, 시공사, 1998
176 진 쿠퍼, 『그림으로 보는 세계문화상징사전』, 이윤기 옮김, 까치, 1994
유기천, 『인간의 점성학』, 정신세계사, 2002
데이비드 폰태너, 『상징의 비밀』, 최승자 옮김, 문학동네, 1998
카를 구스타프 융, 『인간과 상징』, 이윤기 옮김, 열린책들, 2009
177 아서 에드워드 웨이트, 『타로의 그림열쇠』, 정현근 옮김, 타로, 2006
찰스 폰스, 『카발라』, 조하선 옮김, 물병자리, 1997
178 데이비드 폰태너, 『상징의 비밀』, 최승자 옮김, 문학동네, 1998
179 진 쿠퍼, 『그림으로 보는 세계문화상징사전』, 이윤기 옮김, 까치, 1994
180 http://www.tarotteachings.com/brick-wall-symbolism.html에서 재인용
181 https://en.wikipedia.org/wiki/Helianthus_annuus
http://www.kathleenglavich.org/2012/08/01/musings-on-sunflowers-as-symbols 에서 재인용
182 진 쿠퍼, 『그림으로 보는 세계문화상징사전』, 이윤기 옮김, 까치, 1994
183 안드레아 아로마티코, 『연금술』, 시공사, 1998
아서 에드워드 웨이트, 『타로의 그림열쇠』, 정현근 옮김, 타로, 2006
184 진 쿠퍼, 『그림으로 보는 세계문화상징사전』, 이윤기 옮김, 까치, 1994
185 진 쿠퍼, 『그림으로 보는 세계문화상징사전』, 이윤기 옮김, 까치, 1994
186 Muriel C. McClendon, "A Moveable Feast: Saint George's Day Celebrations and Religious Change in Early Modern England", *The Journal of British Studies 38.1*, 1999, p. 1-27.
W. G. Perrin, *British Flags*, 1922, Cambridge University Press, p. 38
187 "그 천사가 용을, 곧 악마이며 사탄인 그 옛날의 뱀을 붙잡아 천 년 동안 움직이지 못하도록 결박하였습니다. 그리고 그를 지하로 던지고서는 그곳을 잠그고 그 위에다 봉인을 하여, 천 년이 끝날 때까지 다시는 민족들을 속이지 못하게 하였습니다. 그 뒤에 사탄은 잠시 풀려나게 되어 있습니다." (묵시 20:2-3)
188 찰스 폰스, 『카발라』, 조하선 옮김, 물병자리, 1997
189 찰스 폰스, 『카발라』, 조하선 옮김, 물병자리, 1997
190 허영엽, 『성경 속 동물과 식물』, 평화방송·평화신문, 2009
『구약성경』「열왕기 상권」 7:42

Ronald H. Isaacs, *Why Hebrew Goes from Right to Left: 201 Things You Never Knew about Judaism*, Newark, 2008 (http://en.wikipedia.org/wiki/Pomegranate에서 재인용)
찰스 폰스,『카발라』, 조하선 옮김, 물병자리, 1997
191 F. C. 앤드레스,『수의 신비와 마법』, 고려원, 1996
192 정현근,『미래를 보는 여섯가지 방법』, 동학사, 1999
193 Gerd B. Zeigler, *Tarot-Spiegel der Seele*, Königsfurt-Urania Verlag, 2003
194 진 쿠퍼,『그림으로 보는 세계문화상징사전』, 이윤기 옮김, 까치, 1994
데이비드 폰태너,『상징의 비밀』, 최승자 옮김, 문학동네, 1998
에바 헬러,『색의 유혹』, 이영희 옮김, 예담, 2002
195 찰스 폰스,『카발라』, 조하선 옮김, 물병자리, 1997
196 진 쿠퍼,『그림으로 보는 세계문화상징사전』, 이윤기 옮김, 까치, 1994
197 http://www.theflowerstogo.com/products/roses/meaning-of-rose-colors
198 "그리하여 그 청년 토비야는 천사와 함께 집을 나섰다. 그 집 개도 청년을 따라 집을 나서서 그들과 함께 떠났다." / "그렇게 하여 그 두 사람이 함께 길을 갈 때에 라파엘이 토비야에게, '쓸개를 가지고 가시오' 하였다. 그들 뒤에는 개도 따라가고 있었다." (토빗 6:2, 토빗 11:4)
199 조지 퍼거슨,『르네상스 미술로 읽는 상징과 표징』, 변우찬 옮김, 일파소, 2019
200 조지 퍼거슨,『르네상스 미술로 읽는 상징과 표징』, 변우찬 옮김, 일파소, 2019
http://www.catholicnews.co.kr/news/articleView.html?idxno=8619
201 데이비드 폰태너,『상징의 비밀』, 최승자 옮김, 문학동네, 1998
202 "다 이루어졌도다. 나는 알파이며 오메가이고 시작이며 마침이다. 나는 목마른 사람에게 생명의 샘에서 솟는 물을 거저 주겠다." (묵시 21:6)
203 데이비드 폰태너,『상징의 비밀』, 최승자 옮김, 문학동네, 1998
204 데이비드 폰태너,『상징의 비밀』, 최승자 옮김, 문학동네, 1998
아서 에드워드 웨이트,『타로의 그림열쇠』, 정현근 옮김, 타로, 2006
진 쿠퍼,『그림으로 보는 세계문화상징사전』, 이윤기 옮김, 까치, 1994
205 진 쿠퍼,『그림으로 보는 세계문화상징사전』, 이윤기 옮김, 까치, 1994
206 "또 그 어좌 앞에는 수정처럼 보이는 유리 바다 같은 것이 있었습니다. 그리고 어좌 한가운데와 그 둘레에는 앞뒤로 눈이 가득 달린 네 생물이 있었습니다. 첫째 생물은 사자 같고 둘째 생물은 황소 같았으며, 셋째 생물은 얼굴이 사람 같고 넷째 생물은 날아가는 독수리 같았습니다. 그 네 생물은 저마다 날개를 여섯 개씩 가졌는데, 사방으로 또 안으로 눈이 가득 달려 있었습니다. 그리고 밤낮 쉬지 않고 외치고 있었습니다. "거룩하시다, 거룩하시다, 거룩하시다, 전능하신 주 하느님 전에도 계셨고 지금도 계시며 또 앞으로 오실 분!" 어좌에 앉아 계시며 영원무궁토록 살아 계신 그분께 생물들이 영광과 영예와 감사를 드릴 때마다, 스물네 원로는 어좌에 앉아 계신 분 앞에 엎드려, 영원무궁토록 살아 계신 그분께 경배하였습니다." (묵시 4:6-10)

207 “이리 오너라. 어린양의 아내가 될 신부를 너에게 보여 주겠다.” (묵시 : 21:9)

208 찰스 폰스, 『카발라』, 조하선 옮김, 물병자리, 1997

209 진 쿠퍼, 『그림으로 보는 세계문화상징사전』, 이윤기 옮김, 까치, 1994
미르치아 엘리아데, 『성과 속』, 이은봉 옮김, 한길사, 1998

210 BBC News, ‘Christian celebration of Advent’ BBC Mobile, 2010.11.16.

211 진 쿠퍼, 『그림으로 보는 세계문화상징사전』, 이윤기 옮김, 까치, 1994

맺음말

이 책은 25년 전의 나를 납득시키고자 쓴 것이다.

타로카드를 처음으로 시작했을 때, 내가 궁금한 질문은 딱 하나뿐이었다.

"대체 이 카드에 이런 그림이 왜 그려져 있는 걸까?"

당시에는 어떤 책에서도, 그 누구도 이에 대해 명확한 대답을 주지 못했다. 그래서 나는 대학에서 문예학을 전공하고 도상학과 신화학, 그리고 구조주의 미학과 해석학을 공부했다. 내가 전공을 선택하는 데 타로카드가 끼친 영향이 상당한 셈이다.

나는 20대 시절 거의 전부를 위 질문에 대한 대답을 찾는 데 썼고(여기에는 비록 타로카드만 해당하지는 않지만), 이 책은 그런 내 움직임에 대한 일종의 정리 작업이다.

결론적으로, 타로카드는 상징의 유기적 연결로 광범위한 키워드를 생성해낸다는 고유한 특성을 지니고 있었다.

타로카드는 '카드 이름'이라는 가장 큰 언어 상징을 중심에 두고, 여기서 파생한 수많은 하위 의미 체계를 이미지 상징으로 표현한다. 따라서 모든 상징은 '카드 이름'보다 큰 의미를 지닐 수 없고, 각 카드 안의 그림 상징 의미 체계의 총합은 '카드 이름'이 지닌 상징으로 귀속된다.

이 원칙은 제작자의 의도를 넘어선 부분에 존재한다. 일반적으로 카드의 키워드를 찾고 해석을 진행할 때 저자의 의도가 가장 중요하다는 말을 많이 하지만, 반은 맞고 반은 틀린 이야기다. 카드가 아무리 저자의 의도하에 기획되었다고 해도, 일단 78장의 카드가 구성되는 순간부터 모든 카드의 상징은 저자의 의도와 상관없이 작동한다.

만약 저자의 의도보다 배치된 상징이 본래 지닌 의미 체계가 더욱 정교한 기호학적 연어Collocation관계를 가지고 있다면, 이미지 안에서 저자가 의도한 키워드는 버려지고, 상징 본연의 맥락적 키워드가 더 강한 힘을 지닌 채로 기능한다. 적어도 후기구조주의 언어학적으로는 그렇다.

타로카드 한 벌에 중복되는(같은 의미를 지닌) 키워드를 지닌 상징이 있을 수 없는 것도 바로 이 때문이다. 저자가 의도했더라도 언어학적으로 '동어반복'에 해당하여 한쪽의 상징은 의미 가치를 잃는다.

이것이 25년 전의 내가 던졌던 질문에 대해, 내가 찾아낸 하나의 대답이다. 그리고 이 책의 상징 해설은 모두 이 대답을 전제로 작성됐다. 본문에 어원 해설을 풀어둔 것도 이 때문이다. 한자를 모르면 주역 괘를 통찰할 수 없듯이, 타로카드의 '이름' 또한 마찬가지라고 생각한다.

이 책은 이런 상징 해석 틀을 놓고, 라이더-웨이트 덱 제작자가 몸담은 기독교 영지주의의 '의미론적 문법'을 바탕으로 하여 각 상징의 맥락적 연결 의미를 추적하는 데 집중했다.

이 책에 해설한 상징 해석과 맥락이 완벽할 수는 없다. 의미 체계를 찾아내지 못해 가설만 세우고 넘어간 부분도 있다. 따라서 새로운 해석과 의미 체계를 찾는 순간 이 책에 많은 수정을 해야 할 것이고, 응당 그래야만 한다. 그런 의미에서 이 책은 일종의 시금석에 가깝고 실용서라기보다는 철저히 언어학적으로 타로카드의 상징을 해설한 도해서에 가깝다. 해석을 위해서는 더 많은 논의가 필요할 것이다.

그래도 내가 타로카드를 처음 접했던 시절 스스로 던졌던 질문을 지금 누군가가 똑같이 하고 있다면, 이 책이 최소한 대답의 실마리를 줄 수 있지 않을까 기대해본다.

끝으로, 내게 처음 타로카드를 가르쳐주고 함께 공부했던 경복고등학교 환타지연구부 0~2기 선후배들에게 존경과 경의를 보낸다.

그리고 끝까지 타로카드를 놓지 않고 이 길을 걸어가는 공저자 임상훈에게 특별한 격려를 보낸다.

2022년 9월

황민우